思想的・睿智的・獨見的

經典名著文庫

學術評議

丘為君　吳惠林　宋鎮照　林玉体　邱燮友
洪漢鼎　孫效智　秦夢群　高明士　高宣揚
張光宇　張炳陽　陳秀蓉　陳思賢　陳清秀
陳鼓應　曾永義　黃光國　黃光雄　黃昆輝
黃政傑　楊維哲　葉海煙　葉國良　廖達琪
劉滄龍　黎建球　盧美貴　薛化元　謝宗林
簡成熙　顏厥安（以姓氏筆畫排序）

策劃　楊榮川

五南圖書出版公司 印行

經典名著文庫

學術評議者簡介（依姓氏筆畫排序）

- 丘為君　美國俄亥俄州立大學歷史研究所博士
- 吳惠林　美國芝加哥大學經濟系訪問研究、臺灣大學經濟系博士
- 宋鎮照　美國佛羅里達大學社會學博士
- 林玉体　美國愛荷華大學哲學博士
- 邱燮友　國立臺灣師範大學國文研究所文學碩士
- 洪漢鼎　德國杜塞爾多夫大學榮譽博士
- 孫效智　德國慕尼黑哲學院哲學博士
- 秦夢群　美國麥迪遜威斯康辛大學博士
- 高明士　日本東京大學歷史學博士
- 高宣揚　巴黎第一大學哲學系博士
- 張光宇　美國加州大學柏克萊校區語言學博士
- 張炳陽　國立臺灣大學哲學研究所博士
- 陳秀蓉　國立臺灣大學理學院心理學研究所臨床心理學組博士
- 陳思賢　美國約翰霍普金斯大學政治學博士
- 陳清秀　美國喬治城大學訪問研究、臺灣大學法學博士
- 陳鼓應　國立臺灣大學哲學研究所
- 曾永義　國家文學博士、中央研究院院士
- 黃光國　美國夏威夷大學社會心理學博士
- 黃光雄　國家教育學博士
- 黃昆輝　美國北科羅拉多州立大學博士
- 黃政傑　美國麥迪遜威斯康辛大學博士
- 楊維哲　美國普林斯頓大學數學博士
- 葉海煙　私立輔仁大學哲學研究所博士
- 葉國良　國立臺灣大學中文所博士
- 廖達琪　美國密西根大學政治學博士
- 劉滄龍　德國柏林洪堡大學哲學博士
- 黎建球　私立輔仁大學哲學研究所博士
- 盧美貴　國立臺灣師範大學教育學博士
- 薛化元　國立臺灣大學歷史學系博士
- 謝宗林　美國聖路易華盛頓大學經濟研究所博士候選人
- 簡成熙　國立高雄師範大學教育研究所博士
- 顏厥安　德國慕尼黑大學法學博士

經典名著文庫075

偶像的黃昏

Götzen-Dämmerung

〔德〕尼采（Friedrich Nietzsche）著

衛茂平 譯

經典永恆・名著常在

五十週年的獻禮・「經典名著文庫」出版緣起

總策劃 楊榮川

五南，五十年了。半個世紀，人生旅程的一大半，我們走過來了。不敢說有多大成就，至少沒有凋零。

五南忝爲學術出版的一員，在大專教材、學術專著、知識讀本出版已逾壹萬參仟種之後，面對著當今圖書界媚俗的追逐、淺碟化的內容以及碎片化的資訊圖景當中，我們思索著：邁向百年的未來歷程裡，我們能爲知識界、文化學術界做些什麼？在速食文化的生態下，有什麼值得讓人雋永品味的？

歷代經典．當今名著，經過時間的洗禮，千錘百鍊，流傳至今，光芒耀人；不僅使我們能領悟前人的智慧，同時也增深加廣我們思考的深度與視野。十九世紀唯意志論開創者叔本華，在其〈論閱讀和書籍〉文中指出：「對任何時代所謂的暢銷書要持謹慎的態度。」他覺得讀書應該精挑細選，把時間用來閱讀那些「古今中外的偉大人物的著作」，閱讀那些「站在人類之巔的著作及享受不朽聲譽的人們的作品」。閱讀就要「讀原著」，是他的體悟。他甚至認爲，閱讀經典原著，勝過於親炙教誨。他說：

> 「一個人的著作是這個人的思想菁華。所以，儘管一個人具有偉大的思想能力，但閱讀這個人的著作總會比與這個人的交往獲得更多的內容。就最重要的方面而言，閱讀這些著作的確可以取代，甚至遠遠超過與這個人的近身交往。」

爲什麼？原因正在於這些著作正是他思想的完整呈現，是他所有的思考、研究和學習的結果；而與這個人的交往卻是片斷的、支離的、隨機的。何況，想與之交談，如今時空，只能徒呼負負，空留神往而已。

三十歲就當芝加哥大學校長、四十六歲榮任名譽校長的赫欽斯（Robert M. Hutchins, 1899-1977），是力倡人文教育的大師。「教育要教眞理」，是其名言，強調「經典就是人文教育最佳的方式」。他認爲：

> 「西方學術思想傳遞下來的永恆學識，即那些不因時代變遷而有所減損其價值

的古代經典及現代名著，乃是眞正的文化菁華所在。」

這些經典在一定程度上代表西方文明發展的軌跡，故而他爲大學擬訂了從柏拉圖的《理想國》，以至愛因斯坦的《相對論》，構成著名的「大學百本經典名著課程」。成爲大學通識教育課程的典範。

歷代經典・當今名著，超越了時空，價值永恆。五南跟業界一樣，過去已偶有引進，但都未系統化的完整舖陳。我們決心投入巨資，有計畫的系統梳選，成立「經典名著文庫」，希望收入古今中外思想性的、充滿睿智與獨見的經典、名著，包括：

- 歷經千百年的時間洗禮，依然耀明的著作。遠溯二千三百年前，亞里斯多德的《尼各馬科倫理學》、柏拉圖的《理想國》，還有奧古斯丁的《懺悔錄》。
- 聲震寰宇、澤流遐裔的著作。西方哲學不用說，東方哲學中，我國的孔孟、老莊哲學，古印度毗耶娑（Vyāsa）的《薄伽梵歌》、日本鈴木大拙的《禪與心理分析》，都不缺漏。
- 成就一家之言，獨領風騷之名著。諸如伽森狄（Pierre Gassendi）與笛卡兒論戰的《對笛卡兒沉思錄的詰難》、達爾文（Darwin）的《物種起源》、米塞斯（Mises）的《人的行爲》，以至當今印度獲得諾貝爾經濟學獎阿馬蒂亞・

森（Amartya Sen）的《貧困與饑荒》，及法國當代的哲學家及漢學家余蓮（François Jullien）的《功效論》。

梳選的書目已超過七百種，初期計劃首爲三百種。先從思想性的經典開始，漸次及於專業性的論著。「江山代有才人出，各領風騷數百年」，這是一項理想性的、永續性的巨大出版工程。不在意讀者的眾寡，只考慮它的學術價值，力求完整展現先哲思想的軌跡。雖然不符合商業經營模式的考量，但只要能爲知識界開啓一片智慧之窗，營造一座百花綻放的世界文明公園，任君遨遊、取菁吸蜜、嘉惠學子，於願足矣！

最後，要感謝學界的支持與熱心參與。擔任「學術評議」的專家，義務的提供建言；各書「導讀」的撰寫者，不計代價地導引讀者進入堂奧；而著譯者日以繼夜，伏案疾書，更是辛苦，感謝你們。也期待熱心文化傳承的智者參與耕耘，共同經營這座「世界文明公園」。如能得到廣大讀者的共鳴與滋潤，那麼經典永恆，名著常在。就不是夢想了！

二〇一七年八月一日　於

五南圖書出版公司

目次

推薦　關於《偶像的黃昏》／劉滄龍 …… 1
KSA版編者說明 …… 1
Pütz版編者說明 …… 1
前　言 …… 3
格言與箭 …… 9
蘇格拉底的問題 …… 29
哲學中的「理性」 …… 47
「眞實的世界」如何最終成了寓言 …… 59

作爲反自然的道德……65
四種大謬誤……79
人類的「改善者」……97
德國人失去了什麼……109
一個不合時宜者的漫遊……125
我感謝古人什麼……215
錘子說話……229

譯後記……231
名詞索引……233
Pütz版尼采年表……237

推薦／關於《偶像的黃昏》

國立臺灣師範大學國文學系教授　劉滄龍

一八八八年是尼采神智清醒的最後一年，《偶像的黃昏》（*Götzen-Dämmerung*）作為尼采晚年的重要著作便於該年完稿。本書另題為「如何用錘子進行哲思」（Wie man mit dem Hammer philosophirt），一八八九年初書稿刊印出版之際，拿著思想錘子向永恆的觀念偶像進擊的哲人，此時已陷入意識不清的瘋狂狀態。根據尼采自己在《瞧！這個人》（*Ecce Homo*）中的解釋，書名中所謂的「偶像」是指：「那些迄今被稱作真理者」，而「偶像的黃昏」就意謂著：「舊的真理邁向終點」。用錘子思考的尼采，要對所有「偶像」重新估價，並且指出那些被視為最有智慧的人如何對生命採取了否定的態度，讓自己的生命成了受到質疑的對象。

《偶像的黃昏》被尼采視為《華格納事件》的孿生之作，書名戲仿了華格納的歌劇《眾神的黃昏》（*Götterdämmerung*）。《華格納事件》出版於一八八八年九月，作為時代偶像的華格納在該書中被尼采當作歐洲現代頹廢病的案例，藉著這個病例的分析診斷來清算現代性的價值。對於頹廢病加以分析的目的，是為了展開尼采後期思想所關注的現代性批判。尼采自認跟華格納一樣都是現代頹廢病的患者，但是只有他才有病識感，並且孤身力抗時代的病魔。《偶像的黃昏》所針對的不再只是像華格納這樣的當代偶像，而是直擊那些迄今為止被當成永恆偶像的真理，同時也要批判諸多現代理念與意識型態。

這本晚期著作可說是作為異端哲學家尼采的思想總結之作，內容濃縮了他成熟期思想的要點，包括：形上學批判、語言哲學、道德批判、藝術理論的觀點。同時，作為歐洲第一個頹廢病案例的蘇格拉底，也再度成為焦點而特闢專章分析。飽受疾病纏身的尼采，終其一生都在追求自己與歐洲文化生命的康復，哲學批判與病理學分析對他來說是同一回事，目的都指向於衰敗的生命如何重獲新生。對臺灣讀者來說，即使沒讀過尼采的著作，大概也聽過這句廣為人知的格言「凡是無法殺死我的，只會讓我更強大。」它就出自本書〈格言與箭〉一章。始終在和生理上與精神上的病魔戰鬥的尼采，從不服輸。尼采的哲學並無意於證明什麼才是最後的真理，他宣稱只有衰敗的人才想要證明自己生命的價值，高貴的生命只是發號施令，從不需要找理由來證明自己。尼采在人生的最後階段雖然拖著病體，仍要高昂地吹響反擊的號角，為文化生命指出破舊翻新、重獲健康的可能途徑。

尼采在思想成熟的後期本來打算寫一部代表作，預定的書名是《重估一切價值》，後來並未落實，不過原先要作為書稿的內容則整編成單冊的形式出版，分別是《偶像的黃昏》、《反基督》、《瞧！這個人》，它們都屬於尼采精神崩潰前像火山爆發般噴湧出來的著作，充滿強烈的個人風格。從一八八六到一八八八年八月，尼采一直構想著一本書《權力意志》（*Der Wille zur Macht*），副標題則是「重估一切價值的嘗試」。到了一八八八年九月尼采最終放棄了《權力意志》這個書名，本來作為副標題的「重估一切價值」（Umwertung aller Werte）一躍成為主標題，它將由四卷構成，分別是「反基督」（Antichrist）、「自由精神」（Der freie Geist）、「非道德主義者」（Der Immoralist）、「永恆回歸的哲學」（Philosophie der ewigen Wiederkunft）。*

上述出版計畫隨著一八八九年一月尼采在義大利的杜林精神錯亂後戛然而止，而尼采的妹妹伊莉莎白（Elisabeth Förster-Nietzsche）卻宣稱尼采在一八八八年完成了《權力意志》，她與尼采友人Heinrich Köselitz（Peter Gast）合作彙編了尼采晚年的遺稿，於一九〇六年出版了一本由格言、警句構成的所謂尼采的代表作。然而尼采已於一九〇〇年去世，由伊莉莎白所操辦的《權力意志》作為書名及其出版的形式，皆非尼采所構想的方式，部分內容還受到竄改。反對將任何人、包括自己在內當成偶像崇拜的尼采，卻在死後被伊莉莎白塑造成納粹黨人的偶像，這彷彿是歷史對尼采的戲謔與反諷。

尼采思想由於受到納粹的曲解與濫用而跟著捲入二戰政治風暴的漩渦，嚴格意義的尼采哲學探討也因為此一政治牽連而經歷了漫長的復健過程。戰後的尼采思想後來受到海德格與法國多位尼采主義哲學家的關注，才又重新躍上思想舞台。尤其到了二十世紀八〇年代由義大利學者Giorgio Colli和Mazzino Montinari所編訂的考訂版尼采全集面世後，尼采哲學研究也愈趨成熟。至於中文世界的尼采翻譯與研究雖然早在二十世紀初便已啟動，但是具有較高學術價值的譯本與研究恐怕也要到近二、三十年才取得可觀的成績。欣聞五南出版社要出版衛茂平先生翻譯的《偶像的黃昏》，特贅數言以表欽佩之意，並推薦給愛好尼采哲學的讀者。

【注釋】

* 參見Andreas Urs Sommer, “Umwerthung der Werthe” in: Henning Ottmann hrsg., *Nietzsche-Handbuch. Leben-Werk-Wirkung*, pp. 345

KSA 版編者說明

一八八八年九月二十七日，尼采改變了一個**心理學家的閒逛**的標題。九月二十日，收到來自萊比錫印刷廠的首批校樣時，加斯特這樣寫道：

「一個心理學家的閒逛」這個標題，聽上去過於平淡乏味。容我具體想像，它會對別人如何產生影響：您把您的炮兵部隊運到了最高的山頂，擁有前所未有的炮火，只需胡亂開炮，就能讓周圍人膽戰心驚。這是一個巨人的步伐，已不再是一次閒逛，爲此群山驚顫至極。另外，在我們的時代，閒逛通常僅在下班後進行，疲憊時也會這麼做。哎，我求您，倘若允許一個無能的人這麼做的話，用一個更惹人注意和更光彩奪目的標題！

尼采就此回答：

至於標題，您那非常人性的異議先於我自己的疑慮提出：我終於從自己的前言中，找到也許能滿足您的要求的句子。我恰好準備結束「重估」第一篇。您寫給我的關於「龐大的炮兵」的話，我得就這麼採納。它的確試圖引起可怕的爆炸……（九月二十七日）。

新的標題——尼采在同一封信中說，也是「針對華格納的一個惡作劇」，他曾經爲一部**偶像的黃昏**作曲。新標題的產生可以清楚地在 Bd. 13, 22〔6〕中追溯。尼采曾按順序寫出以下標題：「偶像錘子。／一個心理學家的閒逛。」然後是：「偶像錘子。／或者：／一個心理學家如何提問」。最後是最終的標題。標題的草稿事實上在敵基督的四十七和四十八章的預備階段寫下。**偶像的黃昏**可以被視爲敵基督的某種「孿生作品」，這在上面已經指出。印刷手稿和校樣被收到。偶像的黃昏的印刷十一月初完成，書的發行計畫在一八八九年。十一月二十五日左右，尼采收到四本樣書：**偶像的黃昏或者如何用錘子進行哲學思考**。萊比錫 1889, C. G. 諾伊曼出版社（= GD）。在日內瓦的博多梅里阿納（Bodmeriana）圖書館，還保留了來自一份 CG 版謄清稿的幾張稿紙。

Pütz 版編者說明

在錫爾斯—瑪利亞最後一次逗留時，約一八八八年八月底和九月初之間，尼采放棄了一直計畫的《權力意志——重估一切價值的嘗試》。他決定發表出自手上已有材料的一個摘錄，標題爲《一個心理學家的閒逛》。根據加斯特的異議，他用更具挑戰性的《偶像的黃昏》，代替了原先聽上去平淡乏味的簡單標題。那計畫分成四篇的《重估一切價值》的其他部分，發表在他的第一本書中，即在《敵基督》中。也就是說，這篇文字和《偶像的黃昏》產生於《權力意志》的筆記，而繼這樣的決定之後，後者在尼采的計畫中已無位置，除了那兩本經作者同意的書，它只能被當作遺著來讀。一個主要由施勒希塔（Karl Schlechta）和蒙梯納利（Mazzino Montinari）調查出的結果，而它徹底修正了關於所謂《權力意志》在接受史上頗具影響力的誤解。《偶像的黃昏》一八八九年才發表；尼采在前一年的十一月已收到最初的樣書。這本新書產生於有關華格納的論著的範圍內，這由其新標題證明。它是對華格納的四部曲《尼伯龍族的指環》中第四亦即最後一部《神界的黃昏》的諷刺模仿性改變。尼采自己意識到這個衝擊方向，所以在一八八八年九月二十七日對加斯特寫道：

此外，格斯多夫（Gersdorff）鄭重其事地警告我小心華格納的女追隨者。偶像的黃昏這個新標題，也將在這個意義上被人聽見，也就是說，依舊是針對華格納的惡作劇……

簡短的前言解釋了標題：整個針對的是充斥著世界的許多偶像，而世人被不公正地和並非爲了他們自己的幸福犧牲給他們。考察的方式是用錘子進行敲打（《如何用錘子進行哲學思考》），以便聽到，他們用腳站立的基礎如何不穩，發出的聲音多麼沉悶，又是多麼空洞。錘子在這裡的功能，不是建築或者摧毀的工具，而彷彿是心理學家的音叉。尼采把自己的書，理解爲反對超時代地行之有效的偉人和權威、反對所有類型的理想及神祇的戰爭，而對他們的頂禮膜拜，他覺得是有違人類尊嚴的偶像崇拜。標題的第二部分可能語意雙關：它涉及虛假價值的沒落，就像華格納歌劇裡那些英雄如何沒落、眾神城堡的大廳如何燃起熊熊大火一樣，但它也指向早晨新的開端，那時新的意識開始甦醒，明白眾神只是偶像，對它們的揭露有利於人類的自我解放。這個暮色降臨和晨曦初現（Abend- und Morgendämmerung）的雙重含義以後更清楚地得到表達，如平圖斯（Kurt Pinthus）就把他的表現主義作家文集稱爲《人類的朦朧》（*Menschheitsdämmerung*, 1920）一樣。這個文集既宣告了與舊形式的決裂，也宣告了一種新人的誕生；面對那最恐怖的深淵，它沒有視而不見，而是充滿希望地把它提升到最陡峭的山頂。對於新生和沒落、價值顛覆和價值確立之張力具有典範意義的，是霍迪斯（Jacob van Hoddis）的詩歌《世界末日》以及策希（Paul Zech）的《新的山上寶訓》。尼采的《查拉圖斯特拉如是說》同樣具有這種雙重的識別力。

緊接著《偶像的黃昏》的前言，是帶有標題的十篇文字。第一篇（「格言與箭」）由警句組成，它們與尼采以前論著中的警句相似，比如在《朝霞》和《快樂的科學》中。其他篇章由較長的段落連接而成，它們在思維和表現風格上接近短小的散文，除了基本上是比較簡短和銳利的警句外，同樣給人以上所提兩本書的印象。《偶像的黃昏》的結尾由出自《查拉圖斯特拉如是說》第三部中要求堅硬的錘子的演說組成。

警句

「格言與箭」針對的是認識論、道德和心理學之基本準則形式中的偶像，針對的是這些基本準則那長久的效用或者甚至宗教上得到認證的莊嚴，還有讓那些偶像成爲不可侵犯的原則，以及被人不假思索地接受的公理。這被視爲千百年來對無條件地尋求眞理的敦促，同樣被看作是對博愛的要求、信仰和良心的合法證明，並以同樣的方式被視爲幸福追求的目標及目的。

打破固定僵化的觀點，發現偏見和指出「眞理」之反面的、合適的邏輯及修辭手段，是反題、顚倒和訛謬。對此有一個典型的例子：「男人創造了女人——究竟用什麼？用他的上帝的一根肋骨——即他『理想』的……」最初的顚倒在於，不是舊約中的上帝用男人的肋骨創造出女人，相反的，這個男人（「用什麼做的？」），但不是用他自己的，也許用他的上帝的肋骨，創造了女人。可是那個上帝，那個男人從他身上取下一部分東西、似乎由此證實其肉體之事實性的上帝，其實並不存在，僅僅是男人爲了安慰自己而創造出的虛構的理想。因爲，根據尼采的觀點，他的生命力已經衰退，所以他需要一種精神和宗教的補償。於是，用他的材料被捏成的女人，根據其出身，如同理想，依舊被證明是虛構，也就是：上帝。與他一樣，她也極佳地適合頹廢。那個生命力衰退的男人，爲了分散別人對他自己的衰弱的注意力，把女人抱上祭壇，然後對上帝和女人頂禮膜拜。那個據說是眞實的女人繼續保持隱蔽狀態，也可能與他捐贈肋骨的行爲一樣，是非現實的。因爲兩者的存在既無法證實，又無法證僞，男人就根據自己的意願和妄念製作他們。

在少量句子裡，在一個單句或如同這裡在一個簡潔的問答模式中的集中和強調，它們會追求警句的句式。在這樣的句式中，多維度的思緒彷彿彙集一處，同時具有新的啓發思維的功能。「警句」（**Aphorismus**）這個概念來源於希臘語動詞 **aphorízein**，表示「區分」（**abgrenzen**）。因此，透過標明與其最臨近的更高一級的普遍性之特殊的差異，來突出一種現象，這樣一個任務對他來說恰好相宜。但事實上，警句針對的不怎麼是一種形式邏輯的確定，而更是一種與有效事物的「區分」。在《偶像的黃昏》裡，他正是想對這樣的事物，透過叩問和傾聽的方式，進行審視，批判，必要的話還進行糾正。與警句不同，諺語在其使用的語境中含有論證的特點，被使用在一篇演講的某些地方，常常組成一項修辭闡述的高峰。諺語在字面上結束一個思維進程，而警句首先想做的，是啓動一項思維活動。比如「遭火燒者，見火就怕」這樣的短語，建立在常年的經驗上，被視爲正確，受到多數人的證實。但一個這樣被認可的眞理同時會變得多餘，成爲陳腐之理。相反地，警句與衆不同、打破常規，以其自身具有的違逆道出新意。它那強調意外的傾向性，讓它作爲傳奇小說（Novelle）的近親或者傳奇出現；它與戲劇性辯論的戰鬥性一樣，具有好鬥的姿態。由於它表現的剛好不是一清二楚和容易把握的事，就讓聽衆和讀者感到不那麼輕鬆，反而要求別人，爲了理解的緣故，做出更加聚精會神的努力。警句並非易懂好記，它要求好思者對它深究。

警句在許多方面受主體性的影響。如果說諺語大多來源不清，那麼警句反對已穩定的一致，並且源自某個作家，而這個作家絕不拒絕獨自和執拗的思維及感覺方式。其內容並非建立在一種可以客觀化的洞見上，反而依據的是一名個體人的經驗和認識。所以，它表述的不是一個群體、一個階層、一個民族或者一個文化階段的智慧，同樣，它也放棄對通用的座右銘和格言之普遍有效性的要求。與其說透過其邏輯，不如說透過其修辭，它具有更強烈的效果。與其說它是明智的，不如說它是挑釁的。它還以接連不斷的提問，製造出更多新的騷動，而不提供令人滿意的答案。它既不宣告可以證明的事實，也不羈留在任何一個穩固可靠和輪廓清晰的系統中。它的任務不是建立廣泛的關聯，而是對某個單獨的觀點進行推向極至的個別化，而這個觀點能爲具有決定性意義的提問開闢嶄新的視野。

警句對認識之整體關聯的放棄，經常被視爲一種危機的徵兆。人們或者僅僅相信作家具備有限的能力，至多在微末小事中具有創造性，或者一些偏愛警句的時代，被人視爲深受激盪和急劇崩潰的時代。儘管任何時代都有解體和過渡，事實上在警句的繁榮和某些歷史時期之間，還是可以看出某種姻親關係。這樣的歷史時期，與其說是在對現存事物持續的推行和總結中，不如說在與過去的劃清界限和在一個堅定不移的新開端中，樂於見到自己的任務。針對傳統價值和現存準則的疑慮不管何時增長，對體制的攻擊不是透過體制對峙表達自身，相反地，警句（和散論）作爲銳利的武器發揮作用，人們以此能在要害中心擊中敵方的關鍵部位，並且進行突破。在這個意義上我們觀察到那些啓蒙運動者（利希騰貝格，Lichtenberg），早期浪漫主義作家（施萊格爾，Friedrich Schlegel；諾瓦利斯，Novalis），還有尼采，持有同樣的目標。此外，「黃昏」也是進攻之時。偶像此時還無法清晰地辨識逼近的敵人。

警句的個性化與警句作者的個人主義相稱。警句如此自主獨立，不必先從一個比較全面的關聯中獲取自身意義，就能讓人明白。諺語和格言只適合於某個特定的語境，並且依賴於它，因而它們僅僅在這樣的語境中能被引用，而警句卻自給自足。其對讀者的效果與它的個性化類似——通俗易懂，但高雅孤傲，並非是大眾化的，反而是知識型的。鑒於其文本關聯和在接受上高要求的特殊性，其內容和形式的排他性，又與它的孤立相適。爲了不屈服於它最大的敵手，即陳詞濫調，它需要藝術的純熟精湛和修辭的高超技巧。與所有肯定判斷的類型一樣，它必須避免簡單和膚淺的斷言。取而代之的是，爲了敞開出人意料的層次多重和深奧莫測的意義之維，它使用反題和顛倒、矛盾和訛謬、使人詫異和感應心靈的一切能想像的手段。

警句儘管自給自足，獨立於一種具有決定性意義的語境和廣大讀者的多數同意原則，它還是很少個別地出現，而通常可在較大的彙編中找到。它與其他文字一起被印出和閱讀，但這並不妨礙它的獨立性，因爲它同樣可以放棄與其他警句的鄰居關係。另外，它的主體性和片段式的片面性，從一個變化的立場出發，力求延續或矛盾、完備或者反方案。那些互相連接、彼此間又時常相左的警句，是不斷以新的思維開端和透視的方式把握認識對象的嘗試。並非是一個作家的無能或者一個時代的無創造性，而是那難於認識的問題，要求警句式的、也就是說接近眞理的不斷嘗試的形式。倘若對啓示的信仰以及古代形而上學的基本原則不再能爲一種「知識大全」（Summa）提供基礎，那麼認識儘管會零星化，並且在這樣的過程中慶賀主體性的解放，但同時會傾向於克服其獨居的實存，並且尋找聯合的新形式。結果不是歸納和演繹的系統，而是對探照燈的一種安置。這些探照燈的光束既非集中，也非擴散、搜查黑暗、尋找眞理。

形體多樣的偶像

與在其早年的論著中，尤其與在《道德的譜系》中一樣，尼采的方法是，把所有的現象嚴格地歸結到其生理條件上。譜系的研究就此得到延續，即除了道德的起源，其他「偶像」的祖先，比如眞理、理性、美感等，也將受到探究。篇章的順序遵循從一般開始，轉移和集中到特殊的表現方法。此書首先討論具有超越時代效力的哲學及道德的觀念和理想，然後探討當代現象，比如新建立的帝國及其社會和文化關係，然後把目光轉移到一些傑出人物身上。這些人物的名字代表著某些定理和思維立場。此書以對非偶像的、具有標準設立之意義的形象，比如歌德和古代羅馬人的展望收束。

尼采那歸結的思維手段，幾乎在所有情況中是一樣的，它擊碎原因和結果、說明者和被說明者之間那人們以爲無法扯斷的鏈條，展現出那表面上的第一，其實早已是第二，因爲它是有條件的。那自以爲自由的意志，於自身發現它的行爲的原因；但事實上，它僅是一個更強勢力完成任務的器官，本身已是行爲的結果。那以爲自己是堅定不移的理性，根據自身的靈性相信認識，在理想的意義中，甚至認爲世界是自己的創造物，由此認爲自己是造物主，但是，就其被創造性來看，它自身只不過是一個隱藏更深的意志那實施指令的工具，並就它的命令進行思考和認識。教徒只能把他的上帝想像爲最最實在者（ens realissimum）和他自身的原因（causa sui），但此刻他沒意識到，一切事物的根源，其原因在人自己身上，是人自己，按照其最深邃的本能的指令，把那個至高無上者創造爲理想，以便在塵世的艱難辛勞中，替自身減輕負擔。人類置於其開端的一切，事實上已經是個大多遲一些的、占統治地位的、或已受損害之趨動力的衍生物。對尼采來說不是太初有道，而是太初有「生命」。在生命中，他見到的不僅是原初，而且還有一切存在者的目標；它包容了起源和結果，原因和目的，開端和結束。一切存在的東西，都會履行「生命」的功能，並從生命那裡獲得自己唯一和眞實的合法性。

尼采論著中的這個主要術語，不能在一種狹窄的、僅僅是生物的意義上，被與人的生命體、與人的身體聯繫起來，反而作爲一種概念比喻，它包含的東西要多得多。鑒於它的不確定性，尼采研究對它顯得相當無可奈何，而每種對「生命」的更精確的定義，都會導致一種不能容許的界定，以至於有必要進行考慮，相應地使用諸如「廢除邊界」或者「普遍化」這樣的範疇。「生命」在尼采那裡涉及的是一種幾乎無法精確描述的原因和關聯。

這種關聯創立、包容和評判一切存在者。對這個整體繼續作任何條分縷析的說明，會束縛其對整體的要求，使自己陷於矛盾和對立。一項概念的定義，會導致它的普遍性的損失，而在歷史現實中，當它在爲其弱點的服務中自我限制和傷害時，甚至不得不容忍這樣的損失。不過，即使借助理論和理想的「生命」的自我閹割，也是按其意志發生的，不過是一種病態的意志。

屬於「生命」之整體的有極端的敞開狀態，對破壞性力量對抗的肯定，還有作爲整體之一種補充要素的虛無。尼采眼中的虛無主義，不是對虛無的認知和承認，而是對虛無的否認，或者透過基督教和道德觀念，賦予虛無安慰和希望。不管「生命」這個術語的含義如何地不確定，作爲克服錯誤的、尤其是有害的對抗哲學的工具，它還是重要的，因爲正是「生命」應該把握和接受這種對抗性：阿波羅那清醒和維持秩序的知性活動與狄俄尼索斯那取消邊界的迷醉，同樣還有善與惡、同樣還有謊言和眞理。甚至那自相矛盾也包含在「生命」中，並且可以服務於對它的刺激。即使它以窮困潦倒甚至病病歪歪的樣子出現，意欲自我否定和自我毀滅，但正是這樣的意志證明其不可遏制的力量，儘管它作用於頹廢中。它催放出最最絢麗的花朵，培育出一種變得愈來愈美妙，如同在現在派中愈來愈精緻的敏感性和唯理論，在這個基礎上，人最先獲得這樣的能力，認識到他的匱乏之物、即百折不撓的強大生命力的充分價值。只有病人才有能力領會健康的意義，覺悟到「生命」的狀態決定依賴於它的所有現象的價值，並且確定這些現象是一種憑藉本能之意志的表達，容或是對意志的否定，這些現象孰好孰壞。

在「格言與箭」之後，《偶像的黃昏》轉向一個已在尼采的處女作《悲劇的誕生》中占據中心位置的形象，即蘇格拉底。在那裡，他被視爲第一個「理論家」，曾以自己那區別和證明的藝術，摧毀了太古時代希臘文化那包容世界、容忍光明和黑暗的神話，而眼下，他自身作爲一種大體上走到盡頭之生命力的純粹的工具，作爲一種趨向本能衰竭的最突出代表出現。這種本能衰竭還涉及旁人，首先是隨後的幾代人，而這個善於辭令的辯證論者由此得到別人的仔細傾聽，並且能夠提升和促進由他的疾病所推行的事業。倘若蘇格拉底與許多哲學家一樣（比如叔本華）自以爲能夠評判或者甚至貶低「生命」，那麼，尼采駁斥了這種大膽行爲的可能性，因爲對一個生存者來說，「生命」從來不是評判的客體，而始終是主體，生命借助它自身的特性規定評判者，肯定或者否定生命。對尼采來說，不存在獨立自主的理性判斷，而只有對本能的反應；因爲人按照意志的指令進行思維。透過評判「生命」，人爲其自身的此在價值作證。唯理論由此被歸結到人的生理條件上。

在蘇格拉底的例子中，尼采關心的是少量流傳下的關於他性格的情況，尤其是他的長相。對心理學家尼采來說，它顯得如此怪異，直至扭曲變形爲漫畫，所以被用作對一個徹底墮落的生靈的受歡迎的證據。他那低賤的出生，據說同樣是罪惡和醜陋的本性，根據尼采的表達，同時是反對所有高貴的怨恨的原動力，而代替高貴的，是對概念自以爲是的使用。辯證法成了身處劣勢者的武器，他們用它嘗試著對所有強權者進行報復，其方式爲，他們強迫每個人，使用他們的手段進行抵抗，或者被當作白痴。與他經常對頹廢所做的分析一樣，尼采在目前這個例子中見到的也不僅僅是陰暗面，他甚至證明蘇格拉底，說他用辯證法創造了一個嶄新的、鬥爭性論辯的理想化形式，由此豐富了希臘人的生活。

就尼采看，蘇格拉底的精神在基督教中得到加強，並在現代（在叔本華和華格納那裡）慶賀自己那有害的勝利。關於這種精神的巨大作用的原因，尼采認爲存在於從希臘人那裡開始的對本能的刺激，而本能在其雜亂無章的亢奮狀態中，不再能被約束，以至於作爲最嚴重之病例的蘇格拉底，能夠把理性、德行和幸福的三層次，當作臆想的、受到眾人貪婪地抓取的藥物提供。但是，尼采以爲，帶有如此不純之出生的理性觀和道德觀，在病理學上是有條件的；因爲對於患病之本能的不斷增長的抵抗，其自身僅是一種疾病的症狀。一種健康的此在不與本能搏鬥，而是任其自然——當然僅在這樣的條件下，即它們是健康的。疾病存在於單體的分離和部分那散亂的並存和對立中；相反地，健康是個平靜的整體，它允許內在的矛盾，但不是在黑格爾的揚棄意義中，但或許在容忍對立的意義上。一種走向沒落之生命的確實無疑的徵兆，它們同時也是驅動力，在同時壓制甚至消除對立面的時候，它們是對單個理念和理想的片面催生和絕對化，比如爲了明亮對付黑暗、爲了道德對付本能、爲了邏各斯對付神話。

對於尼采，最受崇拜、同時最危險的偶像之一，是把絢麗多彩和變化多端之現象的世界，製成一種僵化和假定爲能比一切更經久之存在的木乃伊。形而上學家們把這種存在的、可能的產生和滅亡，歸諸於一種誤入歧途的想像力。他們由此在認知者身上尋找謬誤根源，並且在其感官中找到，而這太適合那已不斷被宣揚的肉體仇視了。透過反駁的顚倒，尼采再次審核那通行的等級秩序：說謊的不是感官，相反地，那眞正的說謊者藏在那個被他們借助諸如「統一」、「主體」等概念進行施暴的主管機構之後，也就是躲在理性之後。他同意希臘人赫拉克利特（Heraklit）的觀點，這個存在是個純粹的發明，他反對埃利亞學派的（Eleaten）的意見，比如巴門尼德（Parmenides），以爲存在是永恆的，而且他還反對其對手，比如德謨克里特（Demokrit）在傳統的存在概念重壓下，把最後的、不可分的和不會變化的統一設定在原子中。與此相反，尼采捍衛感覺器官的認知力量，認爲尤其鼻子是最有效的，因爲那是神經最爲靈敏的認識工具之一。

不管存在作爲所謂眞實和不可改變的世界，事實上如何地處於不斷變化中，在不同的哲學前提下得到不同的解釋，尼采還是指出了西方思維史的六個階段。在柏拉圖的唯心論中，眞實的世界僅對智者開放。他透過擺脫一切感官的約束，嘗試獲得對那永久有效之眞理的直觀。對基督徒來說，這個眞實的世界處在一種不可企及的、但孕育著彼岸的此在中，而虔誠者和此岸的懺悔者能替自己獲得這種此在。對康德來說，世界自體在理論上不可證明，但在實踐領域中，是個道義的使命，而作爲道義的使命它並非純粹的幻象。眞實的世界對實證主義者來說是陌生的。他們不知有何手段，能消除這個不良狀況，但還是勉強接受這個絕望的狀況。現代的無神論者，那些廣博的懷疑論者和不可知論者，一方面從中接受著教訓，一方面主張取消作爲一種陳舊和無用的理念的眞實世界。在第六和最後的、暫且是最高的階段，尼采的「查拉圖斯特拉」就站在此上，意識覺醒，發現隨同眞實的世界，虛假的世界也失去了它的意義。反思以其最先進的形式，要克服的不僅是眞實的世界，而且還有對一種對眞實和虛假世界之區分的原則上錯誤的假設。適應「善惡的彼岸」的是這個假設：「存在與假象的彼岸！」

在「四大謬誤」這一篇裡，尼采把他那完全占主導地位的思維手段的基本概念作爲題目。當他把理念歸結到其生理學的條件上時——系統地表達，始終分析著第一和第二，原因和結果的聯繫；透過對兩者進行顚倒，他對這種關係做了一種徹底的檢查。對尼采來說，第一個謬誤存在於對原因和結果的通常的混淆中，正如他曾就不同的分類對它們進行分析那樣，現在他再次用對特殊飲食的錯誤信仰解釋它們。這類特殊飲食據說是長命百歲的動因，但事實上卻是「再也無法正確進食」的結果。追求健康的動因也就不是應當之規定，而是疾病。道德和政治領域中的情況與此相應，倘若有人想出手段和途徑，以改正錯誤，而其實它們的來源已經受到毒害，是沒落的生命的結局。對尼采來說，一切強大者不是依靠應當，而是依靠存在活著，其本能的自信，以泰然自若的輕鬆和歡快表現出來，而這種歡快，它認識和忍受可怕的事物。在此意義中，即使德行也不是緣由，而是幸福的結果。

基本的謬誤存在於對一種緣由關係的錯誤相信，這種緣由關係驅使人們，不斷地去尋找新的原因，而事實上它們只是由受本能控制的想像所組成。尼采的批判首先針對唯心論的全部的形式，這種唯心論以對所謂自由的主體之啓動力的著重高估，在原子或者自在之物中見到的不是別的什麼，而只是自身精神的自我美化的投影。人要麼沒有準備，要麼沒有能力承認事情確實這樣。相反地，他們孜孜不倦地進行著原因研究，只是在這種研究——反正是錯誤的——結束後才接受現實，因爲他們現在能把這新的東西回溯到某種以前熟悉的東西上去，由此贏得一種安全感，也就是一種權力意識。對於陌生者的恐懼，剝奪其新意，拒絕其自身成爲一種新開端之緣由的可能。在宗教和道德中，所謂的緣由，比如良心和服從天命，服務於解釋那折磨人的集體經驗，並使之變得輕鬆。不過此外，這類心靈狀態是生理條件的結果。對於上帝之善的信任，是內心堅強的表達，而負罪感則相反，透露的是軟弱。

就尼采看來，對一個自由意志的假設，乃是一個基本謬誤。這樣的意志被作爲所謂產生決定性作用的緣由而發明，其目的是，能夠讓物和人依賴自身，並對它們進行懲罰。爲了可以宣布某人有罪，必須事先迫使他接受自由。與此相反，尼采認爲，就人的存在或者行爲的所有一切而言，人全然不負任何責任。「生命」的厄運讓目的成爲多餘，而目的在自然中同樣完全是多餘的。因爲每個個體是整體的一部分，它就無法在不涉及整體的情況下遭到譴責。對於一名個人的有罪判決，它同時也譴責宇宙。只有當世界不再被回溯到第一個緣由時，它的解放才開始；只有當上帝被取消時，它才得到拯救。

與宗教一樣，就尼采來看，道德也建立在對於現象的想像和誤解上，但它還是在某些方面具有一種認識價值，即它在其不同的表現形式中，對與其有關的根基、即「生命」的長處和短處提供資訊。倘若道德關注的是人的改善，它原則上使用兩種不同的方法：馴服或者培育。前者導致一種無情的屈辱，就像中世紀早期日爾曼人被改變信仰和強迫臣服於十字架時所經歷的那樣。培育則相反，印度文化爲其等級制地劃分的人種和階層想到的就是這點。它導致一種對下層社會有目的的軟化，而且使用聞所未聞的殘酷手段，比如爲最底層的賤民而設的禁令和規定所證明的那樣。針對這種帶有培育和優待原則的印度式種族理論，猶太——基督教的學說面向所有的窮人和被侮辱者。兩者都把自身理解爲道德，但是，它們奴役世人，以服務於一種它們無意識的和已患病的生命意志；因爲健康的生命意志讓一切生存者自得其所，不會強迫它們戴上一種應當的桎梏。

繼哲學、宗教和權力的偶像之後，尼采針對政治的偶像發難：針對德意志帝國。爲了標明自己的不敬無禮，他始終用引號指稱這個帝國。他的主要保留、涉及的是強權對於精神、國家對於文化、俾斯麥對於書籍的替代。「德國，德國高於一切」這個口號，把以前那個思想者的國度，貶低到了法國教養的水準，而這個國家再也無法到處展示諸如歌德和叔本華那種獨一無二的享有名望的人。除了缺乏合適的教育家和偉大的典範，尼采目睹的還有多種麻醉劑，比如酒精、基督教和新的德國音樂，這裡他指的是華格納，以及一種缺乏精神的科學工作。它帶著消除差別的匆忙，不再爲高尚的事業留有迴旋餘地。沒有受到眞正的召喚——尼采就是這樣，這個青年男子就得（無論如何指的不是青年女子）以二十三歲的年齡選擇一個職業，儘管在三十歲的人身上，每種有教養的文化還肯定會發現那是個初學者。不過有關的前提似乎處在觀察、思考、說話和寫作方式的一種徹底改變中。平靜的泰然自若和一種針對任何魅力的傲然抵抗，還有舞蹈者那高雅的距離感和輕盈的步履，它們都不可或缺，而且深深地耦合一處。但德國人平庸粗笨，與此相距甚遠，無法企及。

在論著最長的篇章裡，在「一個不合時宜者的漫遊」中，尼采以被各方承認的、代表某些思維立場和價值設定的權威人物的形象，論述了一大批偶像。他常常只是在行進途中用他的錘子觸碰他們一下，由此從中引出一個持續短暫的聲響，而這個聲音對傾聽者來說已經足夠，來宣布自己的判決。那偶爾不經意和倨傲而作的標籤，爲惹惱人提供了誘因，比如他試圖把席勒當作「塞京根的道德小號手」取笑，或者用一種對英語和法語詞「cant」戲謔的影射，讓康德作爲假正經出醜。尼采的廢黜方法在這裡同樣是把定理歸結到原動力上，而此時它們與定理處於矛盾狀態中：無神論者勒南（Renan）在內心中下跪祈禱，聖伯夫（Sainte-Beuve）被證明是沒有自由的革命家，而且帶著復仇欲反對一切更強大者，喬治·艾略特（George Eliot）起先供奉他們的上帝，然後根據英國的習俗供奉道德，喬治·桑（George Sand）忸怩作態，扮作有男子氣概的女人，龔固爾兄弟（Goncourt）推行一種所謂深邃的心理學，方法是與自然主義者們一樣，屈服於表面事實，而卡萊爾（Carlyle）對於信仰的要求與他的無能形成強烈對照，以至於這個出了名的能言善辯者面對自身變得笨口拙舌。

與所有的現象和觀念一樣，對尼采來說，美也不是自給自足和無動於衷的實體，而是「生命」對於事物的一個投影。在美之中映現的是健康，而在醜之中，表現出的是頹敗者對其可能性之惡化的憎恨。因爲美學也受心理的制約，所以尼采反對叔本華關於美是性關係的女拯救者的理論，相反地，他贊同柏拉圖，而對後者來講，一切美的東西刺激創造性和生育。即使和恰恰那個自以爲已擺脫藝術外部條件的「爲藝術而藝術」的時代綱領，在尼采眼中，依舊錯誤地與被否定的關係密切相連；因爲藝術從來不是無目標和無目的的，而一直是「生命」的反射，同時也是對它的激勵。它正是在表現醜陋的和違忤生命的現象時忠實於這個使命，因爲它不恐懼地展現恐懼，不回答地承受成問題。經歷苦難考驗的英雄，最可能在悲劇中爲自己的此在那無法度量的價值歡呼。

繼政治（「帝國」）和藝術的偶像之後，輪到當代的傾向和機構，就是它們以自己那所謂的進步性，在尼采看來，也證明自己是生理退化的結果。這既針對與基督徒一樣抱怨一種貧乏的「生命」的社會主義者和無政府主義者，也針對抹殺高貴和卑賤之分的自由主義。因爲只有必須做到堅強的必要性，才使人變得堅強，高雅的社會形態比民主的社會形態更適合促成自由和偉大；因爲自由和偉大以人們必須克服的阻力和危險的程度作爲自己的準則。同樣前後一致和對異議具有挑戰性的，是尼采關於習俗之削弱、關於工人問題和所謂愛情婚姻的判斷。與此相對，不過他在保守主義中看不到其他可能性；因爲沒有後退之路，而被鄭重宣告的進步，註定要逐步地走進更深的頽廢中。尼采也把現代法律視爲偶像。這種法律對罪犯，也就是說在不利的情況下被弄成病態的、堅強的人，出於復仇和怨恨而進行迫害和懲罰。

在《偶像的黃昏》的結尾處，尼采把許多受審判的偶像與有典範意義的形象進行對照，而在這些形象中，歌德對他來說卓絕超群。他以爲，歌德代表了自然的整體和宿命。

他出於堅強推崇寬容，以其對最具緊張度的對抗的肯定，是最後一批狄俄尼索斯式人物中的一個，而以他作爲基點衡量，那整個十九世紀僅僅意味著沒落。尼采視歌德爲最偉大的德國人並對他表示自己的尊重。尼采還完全以自己晚期著作中過度興奮的自我標榜風格，褒揚他自己的使命，並且稱《查拉圖斯特拉如是說》爲人類擁有的最深刻的書。

在回溯他感謝古人什麼時，較之希臘人，他更強調羅馬人的重要意義。與溫克爾曼關於「美的心靈」的觀點不同，他認爲希臘人曾在巨大的張力下受到傷害，而這種張力在不斷重複的敵對行爲和令人如癡如醉的節慶日中得到釋放。他一方面稱讚羅馬人、特別是薩盧斯特（Salust）和賀拉斯（Horaz）身上之風格的高貴，而這種風格的整體力量透過最簡約的手段形成。另一方面他強調早期希臘文化的狄俄尼索斯的強力。他在自己的處女作，在《悲劇的誕生》中已經認識和闡釋過這點。他在那裡選取的是一條相反的路，方法是從希臘人出發，追溯自蘇格拉底以降的衰敗，並視華格納爲一個可能的拯救者。但眼下他從現代那淒涼荒蕪的狀況開始，把華格納看作其最最病態的體現，並且對值得接觸和繼續的東西進行回顧。此刻他自稱爲狄俄尼索斯最後的門徒，以及永恆輪回的老師。早期的希臘文化，羅馬的修辭學家，歌德和尼采——這是針對蘇格拉底、基督教和理查·華格納的其他選擇。

偶像的黃昏*

或如何用錘子進行哲思**

【注釋】

＊偶像的黃昏：題目極其多義。從詞的歷史上來說，它已有違任何一種單義的理解。götz 在中古高地德語中還是戈特弗里德（Gottfried）的一個暱稱，在早期新高地德語中出現時，指的是「聖像」，然後自從路德時代起，指非基督教和多神信仰宗教的「異教之神」，以及指在這些宗教裡享受神之崇拜的人、物、或者自然生靈（關於「黃昏」請參見後記，即這裡的 Pütz 版說明。譯者）——Pütz 版注

＊＊用錘子：在《善惡的彼岸》以「宗教的本質」爲題的第三章裡，尼采第一次使用這個比喻。那裡（六十二節）談到基督教歷經十八個世紀，把人變成「精妙的怪胎」：「誰要是（……）手持任何一把神的錘子，走向人的這種幾乎是隨意的蛻變和萎縮（……），難道他就不必帶著憤怒、帶著同情、帶著驚駭呼叫：『啊！你們這些愚蠢的傢伙，（……）你們都做了些什麼！（……）看你們怎樣胡亂敲打和弄壞了我那漂亮的石頭！你們把它都做成了什麼！』」——Pütz 版注

前言

身處一件曖昧不清和責任異常重大的事情中，要保持自己的開朗心情，這絕非雕蟲小技。而且，又有什麼比心情開朗更爲必要呢？缺乏高昂情緒，任何事情都不會成功。力量的過剩才是力量的證明。一次重估一切價值，[2]這個問號如此黝黑、如此可怕，把暗影拋到打下這個符號的人身上。這項使命的命運，每時每刻迫使他，跑進陽光，抖落身上那沉重的，變得太沉重的嚴肅性。爲此，任何手段都屬合理，每個「事件」都是幸運。尤其是**戰爭**。[3]戰爭始終是所有那些變得過於內向和過於深沉的英才的大智慧；即使在它的傷害中，也存有功效。有一句格言，我想對博學的好奇心隱去其出處，長久以來就是我的座右銘：

膽量憑傷口生長，勇敢借傷口加強。[4]

在某些情況下，另一種痊癒方式也許更合我意，那是**探聽偶像的底細**……。在世界上，偶像多於其現實：這是對這個世界的我的「毒眼」，這也是我的「毒耳」。在這裡用錘子提問，也許聽見的回答，就是那從氣鼓鼓的內臟發出的著名的低沉之聲，這對一個耳朵後長有耳朵的人來說，是多麼地令人歡喜，即對我這樣一個老心理學家和捕鼠者來說。在這樣的人面前，那恰恰打算保持沉默的東西，**必得發出聲響**。[5]

就是這本書題目透露出，首先也是一次整休、一個暫時現象、一個心理學家一次無所事事的荒唐舉動。也許是一次新的戰爭？新的偶像將被摸清底細？[6]這本小書是個**偉大的戰爭宣言**；至於對偶像的探聽底細，這次涉及的不是時代的偶像，而是永恆的偶像，將由錘子如同由一個音叉觸動，絕不會有更古老的、更令人信服的、更受到誇耀的偶像，也沒有更低沉的，這並不妨礙它們最受人信賴；也有人說，尤其在最高貴的場合，它們完全不是偶像。[7]

杜林，一八八八年九月三十日

《重估一切價值》第一卷完稿之日。[8]

尼采

【注釋】

1 紙盒 Mp XVI 4（其中尤其存放著上面引用過的《權力意志》的杜林複本的殘編）存放的的活頁紙中，我們發現了「前言」的兩段非常長的殘編，它們有著相近的內容。其中最爲完善的一段所標注的日期是：Sils-Maris，一八八八年九月初。它來自於另一個版本，其日期爲：Sils-maria，一八八八年九月三日。從一封於九月七日寫給 Meta von Salis 的信中，我們可以推斷出，尼采原來打算用這篇日期爲九月三日的版本作爲《重估一切價值》的前言。在九月七日和十一日之間，尼采改變了想法，決定將這篇前言置於《一個心理學家的閒暇》之首。它包含三段，其中第三段根據尼采的指示被刪掉，並在提供給印刷商的複本（Dm）中被替換爲一篇新的文本（九月十三日給 Naumann 的信）。在一封於九月十八日寫給 Naumann 的信中，尼采給出了他針對《前言》的指示：「隨函向您附上最終的『前言』。迄今爲止我所寄給您的以『前言』爲標題的材料（當然，除了劃掉的那段）至此完成，並且現在應該在書的主體中占據位置，在開始－結尾的位置（結尾由『一個不切實際者的譫語』構成）。我們把這章稱爲『德國人所缺少的』。加上我今天寄給您的續篇，它現在一共有七小段。因此，這個標題應該表示出它在目錄中的位置。『前言』這個標題現在更短，同時，也更爲合適。」新「前言」的先後接續的草稿存於 WII 6, 144-145 筆記本中（在其中，我們也發現了增加於「前言」的舊版本的「續篇」草稿）。在最終也更改了其著作的標題之後，尼采還對九月十八日定稿的「前言」進行了相應的幾處小的改動。於是他修改了日期：「杜林，一八八八年九月三十日，完成《重估一切價值》第一部的日期」。事實上，我們在 WII8 筆記本中還發現了《敵基督》的最後一部分的草稿，置於《偶像的黃昏》的「前言」的修改稿之旁。至於原來的「前言」（也即日期爲九月三日的「前言」，它此時成爲「德國人缺少什麼」這章）中被劃掉的 §3，尼采把它用在《敵基督》的簡短「前言」中。——法文 G 版注

2. Umwerlung aller Werle：這個表述曾被翻譯爲「轉化（Transmutation）一切價值」及「重估（Transvaluation）一切價值」。後一個非常恰當地承襲了詞根（Wert/Val），但是，二者都採用了首碼 trans-，而它沒有很充分的體現出蘊含於 Um 中的「象徵（signe）的顛覆，翻轉和改變」的含義。最爲準確的翻譯當屬 de Gandillac

先生所提出的：「對一切價值的顛覆（inversion axiologique）」，每次當這個句子出現的時候，最好回想起這個含義。——法文G版注

3 戰爭：在把戰爭評價為對抗性和對立性之創造力的象徵時，尼采主要針對的是赫拉克利特（Heraklit von Ephesos，前五五〇—四八〇），一個被他高度評價的哲學家。他曾在自己的殘篇著作中宣稱戰爭是「萬物之父」（請參見論《快樂的科學》的、出自《德語韻律的序曲》中的四十一篇，在標題「赫拉克利特派」下有：「塵世的所有幸福，/朋友們，由戰爭給予！/啊！為了成為朋友，/需要硝煙之助！」）。在道德觀念和品德行為的關聯中，尼采還討論了英國啓蒙作家霍布斯（Thomas Hobbes, 1588-1679）哲學中的戰爭的意義，其人類學理論追述了人的一種自然狀態，而在這個狀態中，流行著所有人反對所有人的戰爭（homo homini lupusw，「人是人的狼」）；尼采將這樣的戰爭與英國自然研究者達爾文（Charles Robert Darwin, 1809-1882）的物種選擇學說聯繫在一起。這種理論以為，在持續不斷的競爭（struggle of life「生存競爭」）中，那些最好地適應當時主要環境條件的個人和物種，能得以生存（參見《不合時宜的沉思》第一篇第七節）。——Pütz 版注

4 膽量憑傷口生長，勇敢借傷口加強（increscunt animi, virescit volnere virtus）：引言出自羅馬編年史家安提阿斯（Furius Anitias，西元前一世紀），在羅馬作家格利烏司（Aulus Gellius，約一三〇—一七〇）的文集《雅典之夜》（*Noctes Atticae*）十三卷十一章中得以流傳。這是一部有學術價值、內容豐富的文集，涉及許多歷史和文化史的題目。——Pütz 版注

5 W II 8, 134 中：「對於一位哲學家來說，尤其是——就好像他其實是（他只是）一位年邁的音樂家。」——法文 G 版注

6 初稿：「就像《華格納事件》」（W II 8, 134-138）。——法文 G 版注

7 也有人說……偶像：可想而知，這個句子能以「而是上帝」繼續下去。不過在《偶像的黃昏》的論證過程中會顯示出，尼采沒有對基督教的「一神論」展開全面攻擊，而是抨擊了那種建立在一個唯一的形而上學最高等級的存在者之上的思想建築，不管那牽涉到的是柏拉圖的「理念」，還是中世紀形而上學的「現實存在」（ens realissimum）或者是杜林（Dühring）的「生命價值」。—— Pütz 版注

8 杜林……完稿之日：一八八八年四月起，尼采第二次在杜林逗留。九月底他還在修改定於一八八九年一月出版的《偶像的黃昏》。九月三十日他結束了〈敵基督。基督教批評試論〉的手稿，計畫爲《重估一切價值》的第一部分。—— Pütz 版注

格言與箭

一

懶惰是全部心理學之始。[1]怎麼？心理學是一種惡習？[2]

二

即使我們之中最勇敢者，對於他實際知道的事，也僅難得有勇氣。

三

想要獨自生存，必須是動物或者上帝[3]——亞里斯多德說。缺少第三種可能的情況：得是兩者——**哲學家**……

四

「所有的眞理都是單一的。」[4]——難道雙重是個謊言？

五

許多事，我永遠不想知道。——智慧也給認識劃出界限。[5]

六

人可以在他的野性中，最有效地從他的矯揉造作和從他的精神性中復元。[6]

七

怎麼？人僅僅是上帝的一個失誤？容或上帝是人的一個失誤？[7]

八

來自生命的戰爭學校。——那無法殺死我的，讓我更加堅強。[8]

九

你自助：然後人人助你。[9]

十

面對自己的行爲不要怯懦！別事後厭棄自己的行爲！——良心折磨是不體面的。[10]

十一

一頭**驢子**[11]可能是悲劇性的嗎？——在一種既無法擔當，又無法擺脫的重負下，人會走向毀滅嗎？哲學家的事件。[12]

十二

倘若一個人擁有了他生命的「爲何？」，就幾乎能容忍所有的「如何？」——人並不追求幸福；只有英國人[13]這麼做。

[61]

十三

男人創造了女人——究竟用什麼？用他的上帝的一根肋骨，——即他「理想」的……[14]

十四

什麼，你在尋求？你想把自己增爲十倍、百倍？你在尋求信徒？——去尋求**零**吧！[15]

十五

遺腹子[16]——比如我——與合時宜者相較，被較糟糕地理解，但受到較好地**傾聽**。嚴格地說：我們將永遠不被理解——我們的權威[17]**由此而來**……

十六

在女人中間。——「眞理？啊，您不了解眞理！它難道不是對我們所有羞恥心（pudeurs）的一種謀殺嗎？」

十七

這是個藝術家，一如我喜愛的藝術家，需求不高：實際上他只要兩樣東西，他的麵包和他的藝術，——panem et Circren[18]……

十八

誰要是不懂得把他的意志置入事物，他至少要把一個**意義**置入其中：這就是說，他相信，已經有個意志置身其內（「信仰」的原則）。

十九

怎麼？你們選擇了德行和高尚的胸懷，同時又斜眼窺視毫無顧慮者的好處？——不過，有德行者**放棄**「好處」……（寫在一個反猶太主義者的屋門旁。）

二十

十足的女人弄文學，猶如犯著一項小罪孽：嘗試時，不經意地環顧四周，看是否有人注意她，讓人注意她……[19]

二十一[20]

置身於喧鬧的環境，那裡不需要假仁假義，相反地，就像走鋼絲演員[21]在他的鋼絲繩上，要麼墜落，要麼站住——或者逃跑……

二十二

「惡人無歌。」[22]——怎麼回事，俄國人有歌？

二十三

「德國的精神」：十八年來[23]是個形容詞的矛盾（contradictio in adjecto）。

二十四

爲了追尋起源，人們成了螃蟹。歷史學家朝後看；最終他也相信朝後。

二十五

心滿意足防止感冒。何曾有個懂得穿戴漂亮的女人感冒？——我敢假定，她幾乎一絲不掛。

二十六

我對所有建立體系者充滿疑慮，並且對他們退避三舍。對於體系的意志，在正直方面是一種匱乏。

二十七

人們以爲女人深沉——爲什麼？因爲人們從未對女人尋根究底。女人甚至未曾膚淺過。[24]

二十八

倘若女人有男人的德行，她就讓人無法忍受；倘若她沒有男人的德行，她就無法忍受自己。

二十九

「從前良心得咬多少東西？它有多出色的牙齒？——今天呢？缺了什麼？」——一名牙醫問。

三十

人很少僅只一次輕率行動。在第一次輕率中他總是做得過分。正因爲如此，他通常還會第二次輕率行動——但現在他做得太少……

三十一

被踩的蟲子會蜷縮起來，這就是明智。它以此減少了再次被踩的概率。用道德的語言：**謙恭**。

三十二

有一種針對謊言和僞裝的憎恨，它出於一種易受刺激的榮譽觀；有一種同樣的憎恨，出於膽怯，因爲謊言被一種神聖的律令禁止。太膽怯，而不敢說謊……

三十三

幸福所需要的東西多麼微小！[25] 一支風笛的聲音。——缺少音樂的生命也許是個謬誤。[26] 德國人自己以爲，甚至上帝也在歌唱。[27]

三十四

「除了坐著，人們既無法思考也無法寫作。」[28]（福樓拜）。——由此我逮住了你，虛無主義者！久坐恰恰是違背聖靈的罪孽。只有**走路得來的**思想才有價值。

三十五

有這樣的情形，我們心理學家，像馬兒那樣，陷入焦躁不安：我們瞧見自己的影子在身前上下晃動。爲了眞能看到什麼，心理學家必須扭頭不看自己。[29]

三十六

我們這些非道德主義者[30]是否會對德行造成損害？——正與無政府主義者[31]給君主們造成的損害一樣少。只是當他們遭槍擊後，他們才重新穩坐王位。道德：**人們必須槍擊道德**。

三十七

你跑在**前頭**？——你這樣做是作爲牧人？或者作爲例外？第三種情況也許是逃亡者……**第一個**良心問題。

三十八

你是眞實的？或者只是個演員？一個代表？或者被代表者自身？——最後你甚至僅是一個受人模仿的演員……**第二個**良心問題。

三十九

失望者說話。——我尋找偉人，我找到的始終僅是偉人之理想的**猴子**。

四十

你是旁觀者中的一個？或者那個參與者？——或者那個掉轉目光，退避一旁者？**第三**

個良心問題。

四十一

你願意同行嗎？或者先行？或者別人替你行走？人們得知道，自己要什麼，以及自己想要。**第四個**良心問題。

四十二

這曾是我的階梯，我拾級而上，——爲此我必須越過它們。可它們以爲，我要在它們身上坐下休息……

四十三

我保留權利，這有什麼關係！**我有**太多的權利。——今天誰笑得最好，也就笑到最後。

四十四

我的幸福公式：一個是，一個不，一條直線，一個目標……

【注釋】

1 懶惰……之始：諺語「懶惰是萬惡之始」的警句式變體。——Pütz版注

2 參見V 12〔7.121—〕和VIII 11〔107〕。——法文G版注

3 想要……或者上帝：「倘若他（個人）根本無法加入一個社會群體，或者由於他的自我滿足，不需要這麼做，那麼他當然不是國家的一分子，不過正因爲如此，或者是動物，或者是上帝」（亞里斯多德，《政治學》，1253a）。——Pütz版注

4 「所有的眞理都是單一的」：引言源出於叔本華的箴言：「單一是眞實的標誌」（Simplex sigillum veri）。這個句名來自荷蘭醫生布林哈夫（Hermann Boerhaave, 1668-1738），刻在萊登的彼得大教堂中他的紀念碑上。叔本華曾在《論法學和政治》（§121）第九章，《附錄和補遺》（《論宗教》，§174）和《道德的基礎》（§8）中引用過它。——Pütz版注

5 我……不想知道：蘇格拉底「我知道我一無所知」的顚倒。蘇格拉底在他的申辯中，以此解釋了有人背後說他的智慧的話。即唯獨他知道，自己一無所知，而其他所有他問過的人，總是自以爲知道些什麼，但其實並不比他知道得更多：「看來我還是在這一小點上要更智慧些〔……〕就是我對不知的事，並不以爲知」（柏

拉圖，《申辯篇，21d》）。在蘇格拉底的事例中，對於認識之局限的洞見導向智慧，而在尼采那裡，對於認識之限定的意志是通往智慧的正確道路。——Pütz版注

6 參見VIII 11〔296〕：「人們有時需要一種『精神的墮落』（引文爲法文）」《龔固爾兄弟日記》I, 392。——法文G版注

7 容或上帝是人的一個失誤？：這第二個問題包含了一種影射，針對始於古代、尤其在色諾芬（Xenophanes，約前五六五—四七〇）那裡可以看出的對上帝形象人格化的批評，也就是說對人根據自己的圖像創造神靈的努力的批評。這個批評性的開端在十九世紀中，在費爾巴赫（Ludwig Feuerbach, 1804-1872）的哲學裡留下最鮮明的印記。他在自己的著作（《基督教的本質》，一八四一；《宗教的本質》，一八四五）中，把宗教解釋爲人的自我崇拜，把神靈解釋爲投射到天上的人的願望。——Pütz版注

8 讓我……堅強：對此請參見尼采自傳體論著《瞧這個人》（「我爲什麼這麼智慧」，§2）。——Pütz版注初稿增加了：「應該下定決心。」（W II 3, 184以及W II 7, 154；參見VIII 9〔72〕）。——法文G版注

9 你自助：然後人人助你：根據諺語：「你自助，然後上帝助你」。博愛的原則。——Pütz版注

10 內疚是不體面的：尼采在論著《道德的譜系》（一八八七）中，準確地說在題爲「『罪孽』、『內疚』及其他」的第二篇文章中，詳細地討論了良心折磨。在那裡，心理現象被解釋爲攻擊性的一種形式。處於社會化壓力之下的人，把這種攻擊性收入內心，對付自身；就此而言，良心折磨是對人的無拘無束、任性率眞的活力的一種背叛類型。——Pütz版注

11 一頭驢子：暗指法國經院哲學家比里當（Johannes Buridan，約一二九五—一三六六）的一個道德哲學的譬

喻。就此來看，人無法在兩筆同樣大的財富之間進行選擇，就像一頭驢子，面對兩堆同樣大的乾草，無法決定要哪堆，而隨後餓死（「比里當的驢子」）。——Pütz版注

12 du philosophe：對「卡萊爾的」（de Carrlyle）的更正（Mp W XI 4）。——法文G版注

13 英國人：暗指十八和十九世紀英國哲學中倫理學的享樂主義（幸福理論），主要代表人物是邊沁（Jeremias Bentham, 1748-1832）和穆勒（John Stuart Mill, 1806-1873）。就他們來看，「快樂」（pleasure）是唯一的和最崇高的財富：個人透過爲他自己的快樂操心，同時也就爲所有人的快樂操心。——Pütz版注

14 男人〔……〕他「理想」的：警句源自尼采在《龔固爾兄弟日記》（巴黎1887，I, 283頁）中看到並摘錄的話：「話題轉到了女人身上。根據他的觀點，男人創造了女人並且把他所有的詩情賦予了她。」——Pütz版注

15 初稿：「人們知道需要什麼來十倍地增強其力量：零」（W II 3, 85）。在這句話的對頁上，是摘自《龔固爾兄弟日記》中的這句話（I, 387）：「他們尋找一個零，以便十倍地增加他們的價值」。參見VIII 11〔296〕。——法文G版注

16 遺腹子（postthume Menschen）：按字面意思：「晚生的人」；這裡指的是，走在他們的時代之前和不「合時宜」的人。——Pütz版注

17 「權威！（因爲，理解，就是與之相匹敵）」（W II 3, 184）。——法文G版注

18 Panem et Circren：使用羅馬作家尤維納利斯（Juvenal, 58/67-約127）一句箴言的文字遊戲。他在他的一篇諷刺詩中（10，81），抱怨panem et Circren（麵包和〔馬戲團〕遊戲）是羅馬民眾所渴望的一切。尼采在文章中暗指了喀耳刻（Circre）的名字，她在希臘神話中被視爲極具魅力的女騙子，其「藝術」是魔術（她借助

自己的美貌對奧賽德的同伴施行魔法，把他們變成了豬）。尼采這裡介紹的藝術家類型，僅僅在其物質的需求中，要求「不高」，不過這個藝術家類型在藝術中和使用他的藝術，追求控制人的有魔法、能迷惑人的威力。——Pütz版注

19 參見V III 11〔59〕；Mp XVI 4，結尾處：「她知道，對於十足的女人來說，（一點）腐爛的褐瘢是何等的恰適（褐色的腐爛）……」——法文G版注

20 由尼采取自一個相當長的片段（至今仍未出版），這個片段在筆記本WII6中的標題爲「強者的苦行」。——法文G版注

21 走鋼絲演員：在《查拉圖斯特拉如是說》（一八八五）的序言中，尼采把一個走鋼絲演員的出場，闡釋爲一個寬泛的寓言，直指處於「動物和超人」之間的人，他那漂浮不定、險象環生和受制於過渡的環境：「人的偉大在於，正是這樣，他是橋梁而不是目的：人身上的可愛處，正是這樣，他是一個過渡和一個沒落」（前言，§4）。——Pütz版注

22 「惡人無歌」：參見德國作家佐伊梅（Johann Gottfried Seume, 1763-1810）的詩《頌歌》中的第一段：「在有人歌唱的地方，你可以靜靜躺下，/〔……〕惡棍無歌」（《佐伊梅全集》，萊比錫，一八三九，第七卷，二一六頁）。——Pütz版注

23 十八年來：指一八七一年帝國成立以來（參見尼采《不合時宜的沉思》，前言，§1）。——Pütz版注

24 人們以爲女人〔……〕膚淺過：警句源自法國畫家和作家加瓦爾尼（Paul Gavarni）的一句名言，那是尼采從《龔固爾兄弟日記》（巴黎1887, I，325頁）中摘引的：「我們問他，他是否曾經理解過一個女人？——女人

完全是玄妙莫測的，不是因爲她如此深刻，而是因爲她空洞！」——Pütz版注

25 幸福〔……〕多麼卑微：參見《查拉圖斯特拉如是說》，第四部，「中午」。——Pütz版注

26 缺少音樂〔……〕謬誤：參見尼采一八八八年一月十五日給彼得．加斯特（Peter Gast）的信：「沒有音樂的生命簡直就是個謬誤，一種艱辛勞累，一次流亡。」——Pütz版注

27 德國人〔……〕在歌唱：暗指德國作家和出版家阿恩特（Ernst Moritz Arndt, 1769-1860）的一首詩，作於一八一三年，題目是《德意志祖國》；詩中寫道：「只要在德國的語言響起的地方／天上的上帝在歌唱〔……〕。」一八八八年九月二十日，尼采的朋友加斯特在一封信裡就此寫道：「我以爲，『上帝』〔……〕是第三格而不是第一格。」對此尼采在一八八八年九月二十七日回答：「老朋友，您以自己對於上帝概念之第三格和第一格的討論，根本就沒有達到我的高度。第一格是此處的關鍵，是它的對於此在的充足理由。」——Pütz版注

28 除了坐著〔……〕寫作：On ne peut penser et écrirequ'assis（參見莫泊桑爲《福樓拜致喬治．桑的信》所寫的前言。巴黎一八八四，第三頁）。——Pütz版注

29 初稿：「因此，應該被引向太陽，朝著太陽」（Mp XVI 4）。——法文G版注

30 我們這些非道德主義者：一八八八年七月二十八日，在給福克斯（Carl Fuchs）的一封信中，尼采承認非道德主義者類型，是「至今達到的最高級的『知識分子的本分』」，而「當它自己成了本能和必然性之後，它就可以把道德當作幻覺處理。」而且，他在《瞧這個人》中，曾稱自己爲非道德主義者的早期代表之一（見「我爲什麼是個命運」§2）。——Pütz版注

「這些非道德主義者，他們是否會對德行造成損害?」（Dm）。——法文G版注

31 無政府主義者：無政府主義這個概念，首先是對一種社會哲學和政治思維模式的綜合稱呼。這個模式拒絕統治的任何形式（比如國家，教會等）。尼采在此隱射「集體主義和革命的」無政府主義。它自十九世紀中葉以來，嘗試通過恐怖襲擊，爭取對歐洲的社會關係進行暴力顛覆。俄國的革命家巴枯寧（Michail Alexandrowitsch Bakunin, 1814-1876）被視爲其最重要的鼓吹者。他還曾經參加了一八四九年五月的德累斯頓起義。一八四八年春，他認識了理查・華格納，後者自己的革命性著述——比如一八四八年四月出版的文章《革命》——明顯地受到巴枯寧無政府主義理論的影響。——Pütz版注

蘇格拉底[1]的問題

一[2]

[67] 在一切時代，最智慧的人對生命都作了同樣的判斷：**它毫無用處**……從他們的嘴裡，人們何時何地聽到的是同一種音調，一種充滿懷疑、充滿憂傷、充滿對於生命的厭煩、充滿對於生命的抵抗的音調。甚至蘇格拉底臨死時也說：「生命，這意味著長年生病：我欠醫藥神阿斯克勒庇俄斯（Asklepios）一隻公雞。」[3]甚至蘇格拉底也對生命感到厭倦。**這證明什麼？**這**指向**什麼？從前有人會說（啊！人們是這樣說了，而且底氣十足，我們的悲觀主義者領頭！）：「這裡無論如何有那麼些是真的！智者的一致（consensus sapientium）證明了真理。」——我們今天還要這麼說嗎？我們可以這樣嗎？「這裡無論如何有什麼是**病了**」。讓**我們**回答：一切時代最最智慧的人，[4]得從近處觀察他們！難道他們全都無法再站穩腳跟？落伍了？搖搖欲墜了？頹廢[5]了？也許智慧在地球上就像一隻烏鴉出現，一陣些微的腐肉氣息，就讓它興奮不已？[6]

二

[68] 那些偉大的智者是**衰敗的典型**。這個不敬的想法襲上我的心頭，首先是在這樣一個

情境裡，那時他們遭遇了飽學的和粗鄙的偏見：我認識到，蘇格拉底和柏拉圖是沒落的徵兆，是希臘的解體的工具，是僞希臘的、是反希臘的（《悲劇的誕生》一八七二）。[7]所謂智者的一致——我對此領會得愈來愈好——完全無法證明，他們在意見完全一致的方面，是正確的；反而這證明，他們自己，這些最智慧的人，在**心理**的某個方面意見一致，以便以同樣的方式，對生命持否定態度，——不得不如此。關於生命的判斷或者價值判斷，贊成容或反對，歸根究柢永遠不可能是眞的：它們僅具有作爲徵兆的價值，它們僅作爲徵兆受到考察，——這類判斷就其自身來說，是愚蠢行爲。[8]人們一定得費心盡力，嘗試去領悟這種奇特的精妙（finesse），即生命的價值不能被估計。不能被一個活人，因爲一個這樣的人，是當事人，甚至是訴訟對象，而不是法官；不能被一個死人，出於另一個原因。——從一個哲學家的方面來說，[9]在生命的價值中看到一個問題，這種情況甚至是對他自身的異議，對其智慧的一個問號，這是一種不明智的現象。——怎麼？所有這些偉大的智者，難道他們不僅是頹廢者，甚至還不曾智慧過？——不過，我還是回到蘇格拉底的問題上。

三

就其出生而言，蘇格拉底屬於最底層人：蘇格拉底是小民。[10]大家知道，自己也看到，他有多麼醜陋。[11]可是，醜陋本身是個異議，在希臘人那裡幾乎是個反駁。蘇格拉底究竟是個希臘人嗎？醜陋常常足以是一種雜交、由於雜交而**受阻礙的**發展的標記。在另一種情況下，它表現爲**正在衰敗的**發展。犯罪偵察學家中的人類學者[12]告訴我們，典型的罪犯是醜陋的：一個容貌的怪物，是一個精神的怪物（monstrum in fronte, monstrum in animo）。不過，這個罪犯是一個頹廢者。蘇格拉底是個典型的罪犯嗎？——至少那個著名的相面人的判斷與此沒有相悖，儘管這讓蘇格拉底的朋友們聽上去如此地有失體統。一個善於看相的外國人來到雅典，當面對蘇格拉底說，他是一個怪物，——他心中隱藏著所有的惡習和情欲。而蘇格拉底僅僅回答：「您了解我，先生！」[13]

四

不僅在被承認的本能中的粗野放蕩和混亂無序，表明蘇格拉底的頹廢：邏輯的無節制擴張和那種**佝僂病人的惡毒**，[14]也表明了他的特點。我們也千萬別忘了那種聽覺的幻覺，它作爲「蘇格拉底的精靈」，[15]得到宗教的解釋。在他身上，一切都是誇張的，滑稽演員、[16]漫畫，一切同時又是深藏的、隱晦的、祕密的。——我試圖去領會，那個蘇格拉底的關於理性＝德行＝幸福的等式，[17]源自哪種特異體質：這種現有的、最爲古怪的等式以其特殊性，與古希臘人全部本能相悖。[18]

五

隨著蘇格拉底，希臘人的鑑賞力驟然轉向偏愛辯證法。[19]這裡究竟出了什麼事？首先，一種**高貴的**鑑賞力被戰勝了；隨著辯證法，小民崛起。[20]在蘇格拉底之前，在上流社會，辯證的風格是被人拒絕的：它們被視爲低劣的風格，是出乖露醜。人們告誡年輕人提防它們。人們也不信任所有這類表演的任何理由。就像實在人，實在的事物也不炫示自己的理由。炫示自己那全部的五個手指，這不體面。凡是得先證明自己的東西，沒有多少價值。無論何處，只要權威屬於良好風俗，只要人們不「說明理由」，而是發號施令，辯證論者就是一種丑角：[21]人們嘲笑他，人們不把他當回事。——蘇格拉底是一個**讓人把他當回事**的丑角：這裡究竟出了什麼事？

六

一個人只是在別無他法時，才選擇辯證法。他知道，使用它會引起猜疑，而且它少有說服力。沒有什麼比一個辯證論者的效應更容易清除了；對每次有人滔滔不絕的集會的體驗，都證明這點。辯證法僅僅是那些不具備任何其他武器之人手中的**自衛手段**。一個人肯定得**強行獲得**自己本身的權，在此之前他不會使用這個手段。所以猶太人是辯證論者；列那狐[22]也是。怎麼？難道蘇格拉底也是？

七

蘇格拉底的譏諷難道是造反的表達？是小民的記恨[23]的表達？難道他在三段論的刀尖中，品味著自己作爲被壓迫者的好鬥性？難道他在向受他誘惑的高貴者**復仇**？作爲辯證論者，一個人手持一件無情的工具；他可以用它成爲一個暴君；透過取得勝利，讓別人出醜。辯證論者聽憑他的對手，讓他自己去證明自己不是白痴；他激怒對手，同時讓對手無可奈何。辯證論者**使**其對手的理智**失效**。怎麼？在蘇格拉底那裡，辯證法只是**復仇**的一個形式？[24]

八

我已說明，蘇格拉底爲何令人厭惡：所以更需要解釋，他是如何吸引人的。他發明了一種新的**競賽**[25]方式，對於雅典貴族圈子來說，他是競賽的第一個劍術教師，這是一方面。他吸引別人，途徑爲觸動希臘人的競賽本能，他給青年男子與少年人之間的角鬥帶來一種變體。蘇格拉底也是一個大**色鬼**。[26]

九

不過，蘇格拉底預測到了更多的事情。他看**穿**了高貴的雅典人。他領會到，**他的**病例和病例的特異反應性，已經不是例外。同類的蛻化到處在悄悄地醞釀著：古老的雅典天數已盡。蘇格拉底明白，大家**需要**他，他的手段、他的療法、他那自我保存的個人訣竅……本能到處陷於混亂；人們距離縱欲僅有咫尺之遙：精神的怪物（monstrum in animo）是普遍的危險。「欲望要成爲暴君；人們得發明一個更強大的**反暴君**」[27]……那位相面人揭開蘇格拉底的眞相，說他是誰，說他是所有邪惡欲念的一個淵藪，這時，這位偉大的諷刺家還說了一句話，爲別人理解他提供了鑰匙。「這是眞的，他說，但我要成爲這一切的主

[71]

人。」[28]蘇格拉底如何成了自己的主人？——歸根究柢，他的病例僅是一個極端的病例，僅在當時已開始成爲普遍困境的情狀中，是最爲觸目的病例：當時，無人再能掌握自己，本能自身互相**反對**。作爲這樣的極端病例，他讓人著迷——他那令人恐懼的醜陋，把他袒露在眾目之前：作爲回答、作爲解決方案、作爲對這個病例**治療的**假象，他更讓人著迷，這不言而喻。——

十

倘若人們有必要，把**理性**變成一個暴君，就像蘇格拉底做的那樣，那麼，其他什麼東西製造暴君的危險，就肯定不小。理性當時被作爲**女救星**推薦，無論蘇格拉底，還是他的「病人們」，都不能自由地是理性的，——但這是絕對必要的（de rigueur），是他們**最後的**手段。整個希臘思維訴諸於理性的狂熱，透露出一種困境，人們陷於危險，人們只有一個選擇：要麼毀滅，要麼——荒謬地理性：……從柏拉圖開始，希臘哲學家們的道德主義局限於病態；而他們對辯證法的重視同樣如此。理性＝德行＝幸福，這僅僅意味著：人們必須效仿蘇格拉底，製造一種持續的日光，——理性的日光，[29]以對抗蒙昧的欲望。人們必須不惜任何代價地聰明、清醒、明白：對於本能和無意識的任何讓步，都會導致**沒落**……

[72]

十一

我已經說明，蘇格拉底靠什麼吸引人：他似乎是個醫生，是位救世主。有無必要，揭示他那「絕對理性」的信仰中含有的謬誤？——以爲對頹廢宣戰，就能擺脫它，這是哲學家和道德學家那一方的自我欺騙。擺脫，這是他們力不能及之事。他們作爲手段、作爲救藥所選擇的東西，其自身僅僅又是頹廢的一種表達——他們**改變**頹廢的表達方式，他們沒有祛除頹廢自身。蘇格拉底是個誤解；**那整個勸善的道德，基督教的也一樣，是個誤解**……最刺目的日光，絕對的理性，明亮、清醒、小心、自覺、拒絕本能、抵抗本能的生活，其自身只是一種疾病，另一種疾病——完全不是通向「德行」、「健康」和幸福的回歸之路……必須戰勝本能——這是頹廢的公式：只要生命在上升，幸福等於本能。

十二

——這個所有自欺者中最聰明的人，他自己領會到這點嗎？難道最後，在自己勇敢赴難之際的**智慧**裡，他對自己道出了這點？……蘇格拉底想死：——不是雅典人，是他自己端起毒杯，他向雅典人索要毒杯……

蘇格拉底不是醫生，他悄聲自語：這裡只有死神是醫生……蘇格拉底自己僅是染病已久……[30]

【注釋】

1 蘇格拉底：柏拉圖之外最重要的希臘哲學家（約前四七〇—三九九）。尼采視蘇格拉底爲理論家，批判性科學和樂觀的理性信仰的第一位代表。他在自己的一生中，曾把蘇格拉底作爲這樣一個人不斷地進行最猛烈的抨擊。對這個哲學家的批評，儘管如此地徹底無情，但其中也始終混雜著他對蘇格拉底的敬佩（參見尼采的論著《悲劇的誕生》）。——Pütz版注

2 「作爲問題的蘇格拉底」（Mp XVI 4）：這章正是以這個標題出現於一八八八年春所作的、爲《權力意志》而準備的複本中；它導向了之後的一個計畫（W II 5）：「作爲『頹廢』的哲學」這章應該始自這篇文章。——法文G版注

3 我〔……〕一隻公雞：尼采在此自由和擴展地引用了出自柏拉圖《斐多篇》的對話（118a）。據載，蘇格拉底臨死前最後的話是這樣的：「啊，格黎東，我們欠醫藥神阿斯克勒庇俄斯（Asklepios）一隻公雞。還了這個願，別忘了。」這段文字首先可以從生平上得到解釋：由於家裡有人生病，蘇格拉底在受法庭審判前，許諾給醫藥神，即阿斯克勒庇俄斯，一隻公雞，要是病人痊癒的話（參見烏爾里希・封・維拉莫維茨-莫倫多夫：柏拉圖II，五十八頁）。相反地，被尼采擴展的引文示意地回溯《斐多篇》的主題，它同時概括了生命

或者死亡，肉體或者靈魂對於人的重要性問題。面對他那即將來臨的死刑，看來蘇格拉底如此泰然自若和明白無疑地解決了這個問題。他是這樣說的：「事實上〔……〕那些真正進行哲思的人仰慕死亡。在所有的人中間，死亡對他們來說，最不顯得那麼可怕」（《斐多篇》，67e）。——Pütz版注

4 一切時代最最智慧的人：出自歌德的《科夫塔之歌》；也在《人性的、太人性的》110中被引用。——KSA版注

5 頽廢：法語décadence首先出現在十七世紀，指稱作爲一種文化整體沒落的（審美）鑑賞力的衰敗；參見法國哲學家布瓦羅（Nicolas Boileau-Despréaux, 1636-1711）的《關於龍琴的思考》（*Réflexions critiques sur quelques passages du Rhéteur Longin*）。在十九世紀，頽廢和「頽廢派」——作爲其代表——涉及一種文學運動，其特徵首先是一種迷醉地得到昇華的唯美主義，而它的前驅是法國詩人魏爾蘭（Paul Verlaine, 1844-1896）和波特萊爾（Charles Baudelaire, 1821-1867）；頽廢派在一八八六—一八八九年間在巴黎出版的《頽廢者》雜誌上，替自己創造了喉舌。在八〇年代，尼采把這個概念引入德國；他在自己的論著《敵基督》（一八八八）中，扼要地定義：「在權力意志以任何一種形式走向沒落的時候，每次也都有一種生理的倒退，一種頽廢。」（§17）尼采自視爲頽廢派的代表，同時又是它的克服者（參見《瞧這個人》，「我爲什麼這麼智慧」，§1），以其對於頽廢的批判，作用非同一般，對包括里爾克（Rilke），霍夫曼斯塔爾（Hofmannsthal），海因里希·曼和湯瑪斯·曼（Heinrich und Thomas Mann）等在內的人，產生了最持久的影響（參見科本：《頽廢的華格納主義。關於歐洲頽廢派文學的研究》，柏林和紐約一九七三）。——Pütz版注

6 這證明什麼？……就讓它興奮不已？：「這證明了什麼？——過去，人們會說——人們已經說過了！〔千百次〕，叔本華是最後一個，帶著最強烈的〔力量〕天眞！——『然而，必然存在眞的事物！在所有這一切之中！』我們這些最後到來者，〔我們這些極北的人，生命拒絕給我們天眞的特權〕，我們這些另外的人，我們說〔針對這句話〕：在所有這一切之中必然存在病態的事物！一切時代最最智慧的人，得從近處〔好好〕觀察他們！難道他們全都無法再站穩腳跟？落伍了？搖搖欲墜了？頹廢了？也許智慧在地球上就像一只烏鴉出現，它已經嗅到了附近的屍體」（W II 5, 50）？「這證明（démontre）了什麼？這表明（montre）了什麼？過去，人們會說——〔而叔本華自己就是這些過去的人中的一員〕而且人們已經說了千百次！——叔本華是最後一個，並且比所有的人都要強大：——「在這之中必然存在眞的事物！」我們，這些最後到來者，我們〔這些非道德主義者〕這些極北的人，我們說：「在這之中必然存在病態的事物」。這些一切時代最最智慧的人——〔從更近處觀察他們！〕應該從〔更〕近處觀察他們！他們難道不是〔那些其自身不具有任何不可能的事物的人，種族中怠惰的、頹廢的、退化的智者？〕一些病人、疲憊的人、沒落的人、腐敗的人？……〔智慧難道不正是作爲終結的徵兆？〕……〔它的價值判斷是反生命的〕〔它是一種價值判斷〕〔作爲一種源自衰敗生命的價值判斷，它印證了一種毀滅的本能，一種對於死的〔預感〕渴求……也許智慧就像是一隻烏鴉出現，它已經嗅到了〔一種氣息〕〔死亡的……〕腐敗的氣息？……」（WII5,51）。——法文G版注

7 《悲劇的誕生》（一八七二）：在這部論著中主要請參見12-15段，以及「後記」中「悲劇和蘇格拉底」的那段話。——Pütz版注

8 「關於生命的判斷，贊成容或反對，對於我們來說具有作爲徵兆的價值；僅在它們作爲徵兆的限度之內，它們對於我們來說才是有意義的。〔就其自身來說，對生命進行判斷，對於一個有生命者來說，是一種純粹的瘋狂，而對於一個死者來說，則是一種〔不能實施的〕難以實施的絕技〕。這類價值判斷就其自身來說，只是愚蠢行爲」（W II 5, 51）。——法文G版注

9 暗指杜林（Duhring）的《生命的價值》。（亨利．阿爾伯特的注解）參見〔86〕中注解。——法文G版注

10 蘇格拉底是小民：蘇格拉底於四六九年左右出生在雅典的城區阿洛派克。那裡的居民主要是小手工業者和他們的家庭。他的父親蘇福羅尼斯克斯（Sophroniskos）是石匠，而他的母親費娜萊特（Phainarete），爲了幫助維持家庭，在晚年曾當過接生婆。蘇格拉底自己據說曾當過石匠學徒（第歐根尼．拉爾修：《著名哲學家的生平和見解》，萊比錫，一九二一，七十頁），然後才專心致志地投身於哲學，而同時生活在貧窮節儉的環境裡；對於家庭的收入，他顯然沒有任何貢獻，所以他自己和他那三個兒子，依靠他的妻子克桑梯珀（Xanthippe）掙來的微薄收入生活。——Pütz版注

11 他有多麼醜陋：對蘇格拉底體態之寒酸相的最著名描寫，可以在柏拉圖的《會飲篇》中亞西比德的話中找到。在那裡，蘇格拉底被與極其醜陋的瑪爾敘阿相提並論。那是一個長有馬耳和馬尾的薩梯（Satyrn）。當他吹笛子的時候，通常被描繪成鼓著面頰，登著雙眼的樣子。亞西比德就這樣談論蘇格拉底：「所以我斷言，他非常像薩梯瑪爾敘阿。說你的外表與他相像，啊！蘇格拉底，看來你自己也不會否定」（蘇格拉底《會飲篇》，215b）。——Pütz版注

12 人類學學者：人類學是關於人類的起源，發展和分類的科學。自從其在古希臘時代的開端起，就自視爲跨專

業的學科；所以就有了哲學、教育學和神學的等專門的人類學。但尼采在這裡提及的首先是所謂生理學的人類學，屬於其研究對象的除了體格研究，血統理論和種族學，還有人的外貌和性格之關係。——Pütz版注

13 一個外國人……先生！：這個傳說在羅馬作家西塞羅（Marcus Tullius Cicero，前一〇六－四三）的《圖斯庫盧姆談話錄》中得到流傳：敘利亞醫生和巫師佐皮羅斯（Zopyros）（這個被尼采稱爲外國人的人）對蘇格拉底說，從他的相貌中，他可以看出他的許多惡習和弱點；緊接著他遭到蘇格拉底的朋友們的嘲笑，但蘇格拉底自己證實了他的說法，說佐皮羅斯說得對，他自己身上是帶有惡習的標記，「不過這些惡習被他借助理性克服」（《圖斯庫盧姆談話錄》，四卷，八十章）。——Pütz版注

14 佝僂病人的惡毒：佝僂病（「英國病」）是一種慢性的，兒童早期的疾病，其主要症狀是骨骼的生長紊亂。尼采譏諷地影射的正是這點，其方式是，把確爲「吃虧者」的充滿仇恨的惡毒，強加給蘇格拉底。此外，據說蘇格拉底眞的具有非常矮壯的體形。——Pütz版注

15 精靈：精靈（Daimonion）與它的來源詞daimon一樣，指稱一種神的生靈，不是某個確定的神，而是一種有時會表明自己的神力，或者一種個人的保護神或者折磨神。這裡影射蘇格拉底的「精靈」；蘇格拉底自己在他的申辯中說，他不時地會遭遇到「某種神的和神靈的東西」：「我從兒童時代起身上就發生過這樣的事，那是一個聲音，每次讓我聽到它的時候，總是勸說我，放棄我打算做的事，卻從來不說服我做什麼」（柏拉圖《申辯篇》，31d）。——Pütz版注

16 滑稽演員（buffo）：義大利歌劇中丑角歌唱演員（Opera buffa）。——Pütz版注

17 蘇格拉底的……等式：尼采在此從形式上對一個理性主義的德行思想作了簡化。那是蘇格拉底根據柏拉圖的

描述所提出的。據此，只有那個知情者才眞正是有德行的，而德行自身是可以獲得的最高幸福。請參見柏拉圖，《普羅塔哥拉》，361a-c，以及色諾芬尼（Xenophon），《回憶蘇格拉底》，III，9（主要§5）。——Pütz版注

18 手稿Mp XVI 4增加了這句加引號的話：「最古老的等式如下：德行=本能=最根本的無意識」。——法文G版注

19 辯證法：人們起先理解的辯證法，僅僅是學術的討論、修辭學上正確的問答藝術。尼采這裡暗指的，是辯證法和修辭學透過柏拉圖所獲得的有決定性意義的新闡釋：那些智者派（普羅塔哥拉、高爾吉亞、希比亞、歐提德穆）風格化爲肆無忌憚的演說家類型。對這樣的人來說，重要的不是對眞理的哲學探究，而是贏利和個人的好處。他們使用自己那辯證的演講術，只是爲了進行自我標榜，喋喋不休的咬文嚼字，以及貌似哲學的吹毛求疵。——Pütz版注

20 小民崛起：尼采在《悲劇的誕生》（一八七二）中已經斷言這點。他在那裡借助阿里斯多芬（Aristophanes）喜劇《蛙》中第五幕的例子，描繪了由於理性主義和辯證思維方式的出現，希臘的「高貴性」的終結：在那裡，悲劇作家埃斯庫羅斯——作爲古代阿提卡悲劇的代表——和歐里庇得斯——作爲「辯證的革新家」——一起進行比賽，看兩人中誰是更出色的詩人。歐里庇得斯這樣自誇：「女人得爲我演講，甚至奴隸也得演講/男人開口講話、女人開口講話、還有老婦/〔……〕我只是民主地行事」；「這裡的民眾在我身邊僅學會了說話/〔……〕學習了培養自己有條理，精確地斟酌言辭」（詩行946-950以及953-956。Ludwig Seeger譯）。——Pütz版注

21丑角：在十七和十八世紀德國戲劇中，丑角是一個粗俗和滑稽的人物，在嚴肅的段落（主劇）之後，爲了娛樂觀眾而出場。這個人物的構思可以回溯到英國和義大利的樣板，到了十八世紀，被啓蒙運動美學趕下舞臺（戈特舍德）。——Pütz版注

22列那狐：暗指歌德的史詩《列那狐》（一七九四），一個關於狡猾的狐狸的一連串系列改編的高潮。在歌德的版本中，列那狐兩次成功地躲過了確定無疑的死亡，辦法是對獅子諾勃爾和它的宮廷成員，做了詭計多端的，「辯證的」演講，以證明自己的清白和敵對方的道德敗壞。——Pütz版注

23小民的記恨（Pöbel-Ressentiment）：「記恨」字面含義是「重新感受」，特別是在已經發生的傷害之後的惱怒。在尼采的論著《道德的譜系》（一八八七）中，記恨是解釋不同道德發生史時主要思路中的一種：作爲一種對生命的嫉妒，記恨的結果是，具有自信之本能的少數人，其自然的價值感受到篡改。其途徑是大量弱者和吃虧者（「小民」）貶低和詆毀健康和強大，而這——尼采這樣以爲——至遲在基督教同情道德被引入時，又導致人的某種心靈上的自我毒害。——Pütz版注

24（§§5, 6&7）筆記本W II 5e包含了這段話的兩個版本。較晚的一個（W II 5, 109）和這三段話的定稿之間幾乎沒有多少差異。較早的一個置於其後，在八十五頁：「蘇格拉底—柏拉圖—辯證論者。/鑑賞力轉向偏愛辯證法，這是一個關鍵的事件。蘇格拉底，這個迫使人接受辯證法的平民（roturier），就這樣戰勝了一種高貴的品味，貴族們的品味。辯證法的勝利意味著庶民（plèbe）的勝利。當一個人是貴族並且本能健旺的時候，他就不願炫耀其理性：——他有權威。而權威頒布法令。他將不再堅信辯證法。善之事物不再以其理性相威脅。那些能夠被證明的東西沒什麼價值。辯證法是不體面的、辯證法是可疑的，它是很難令人信服的，

對此，所有那些演說家和黨派都充滿謹慎、心知度明。辯證法僅僅是那些絕望者手中的自衛手段，一個人必須要強行獲得自己本身的權，否則，他不會求助於辯證法……猶太人是辯證論者，蘇格拉底也是。這種人手持一件可怕的器具，他透過羞辱對手的理智來駁倒對方；他透過麻痺對手而使其遭受質問的煎熬，——辯證論者聽憑他的對手，讓他自己去證明自己不是白痴……唉，——」。——法文G版注

25 競賽（Agon）：在古希臘，這個詞指的既是體育競賽，也是在宗教節日爲表示對神的敬意而舉行的戲劇比賽。——Pütz版注

26 蘇格拉底……色鬼：在《會飲篇》的最後，阿爾基弼亞德（Alkibiades）在他對蘇格拉底的讚美辭中，證明了蘇格拉底與愛神厄洛斯的理想的同一性（柏拉圖《會飲篇》，215a-222b）。——Pütz版注

27 欲望〔……〕反暴君：「反暴君」，這個抵抗欲望的力量，是西塞羅筆下的蘇格拉底這麼認爲——理性（ratio）。——Pütz版注

28 西塞羅，《圖斯庫蘭》（*Tuscul*），IV, 37（80）。——法文G版注

29 理性的日光：這整個段落以技巧精湛的方式，變幻著由明亮、燈光、清澈等組成的詞彙場。那是自柏拉圖的「洞穴寓言」以來對於理性和啓蒙的最穩定的比喻（在法語裡，十八世紀就叫做「光的世紀」，也就是啓蒙的世紀）。在柏拉圖《理想國》第七卷裡，對於認識的追求和眞理的問題性，在一篇寓言裡得到了描繪：被綁之人在一個洞穴裡，在一面洞穴通道的牆上，總是僅看到外部世界的物體投在上面的陰影，而他們認爲這是眞實的現象。倘若他們有一天能夠掙脫束縛，來到日光下，他們會被痛苦地灼傷雙眼，從而試圖逃回陰暗的世界。哲學家們最最高貴的任務是——柏拉圖這樣認爲——把世人從幻象、陰影和錯覺世界裡解放出來，

帶到眞實存在的「日光下」——也就是說借助於理性、認識和啓蒙的說明。——Pütz版注

30 蘇格拉底想死〔……〕染病已久：事實上，既在色諾芬尼那裡（《回憶蘇格拉底》，III, 8, 6）也在柏拉圖的對話集《申辯篇》（34c-35b）和《格黎東篇》中，有清楚的提示，說蘇格拉底甘願接受判決和死刑。在他被處死前的一天，格黎東慫恿蘇格拉底逃亡。監獄看守已經接受賄賂，色薩利的一處莊園可以提供流亡居住。但蘇格拉底斷然決然地，拒絕接受這個計畫。內心獨白（「蘇格拉底不是醫生〔……〕」）也許是對蘇格拉底對法官的臨終之言的一種改寫：「我很清楚，死亡和擺脫一切煩惱，眼下對我來說是最好的事，〔……〕現在，該我們走的時候是到了，我去赴死，你們去活。我們中間誰走向更好的結局，這點除了上帝，大家都不知道」（柏拉圖，《申辯篇》，41d-42a）。——Pütz版注

1 哲學中的「理性」

一

您問我，哲學家都有哪些特異體質？比如他們缺乏歷史的意識、他們對於生成之表象自身的憎恨、他們的埃及主義。[2]當他們從永恆的視角出發（sub specie aeterni），對一件事進行非歷史化時，——當他們把它做成木乃伊時，自以為在向一件事表示尊敬。幾千年來哲學家們處理過的一切，是概念的木乃伊；沒有什麼眞實的東西生動活潑地出自他們之手。這些概念偶像的侍從，當他們朝拜時，他們在殺戮、他們在製作標本；當他們朝拜時，對一切的一切造成生命危險。死亡、變化、年歲，如同生育和生長，這些對他們來說是異議，甚至是反駁。存在的不**生成**；生成的不……但他們全體，甚至帶著絕望，相信存在者。因爲他們無法弄到它，他們就尋找理由，別人爲何對他們隱瞞它——

這裡肯定有一種假象、一種欺騙，以至於我們無法感知存在者：騙子身藏何處？」〔——〕我們抓到他了，他們興高采烈地大叫，這就是感性！這些感官，它們一向就是這麼不道德，關於這個眞實的世界，它們沒有告訴我們眞相。教誨就是：擺脫感官的欺騙，擺脫生成、擺脫歷史、擺脫謊言，歷史無非就是對感官的迷信、對謊言的迷信。教誨就是：對迷信感官的全體說不、對人類全部的剩餘說不，這個全部就是「民眾」。當哲學家、當木乃伊，帶著一種掘墓人的表情，去表現單調的一神論！[3]——尤其要擺脫肉身，這個感官的可憐巴巴的愚蠢的成見（idée fixe）！它負載著世上存有的全部邏輯錯誤，甚至還不像話地反駁，儘管擺出眞實的架勢，這已足夠狂妄！……

二

我懷著崇高的敬意，把**赫拉克利特**的名字拿到一邊。要是別的哲學家指責感官的明證，是因爲它們顯示豐富和多變，那麼他指責感官的明證，是因爲它們顯示事物，似乎它們具有持久和一致的特點。赫拉克利特對感官也不公平。其實它們既不以如埃利亞學派[4]相信的方式說謊，也不以如他相信的方式說謊，——它們根本就不說謊。我們用它們的明證**製造**出的東西，這才加入了謊言，比如統一的謊言，物性、實體、持續的謊言……[5]「理性」是我們篡改感官明證的根源。只要感官展示生成、滅亡、變換，它們就沒說謊……不過，赫拉克利特在這點上將永遠是對的，即存在是個空洞的虛構。「虛假的」世界是唯一的世界；「眞實的世界」僅僅是**胡編的**……

三

借助我們的感官，我們擁有多麼精細的觀察工具啊！比如這個鼻子，還沒有一個哲學家懷著崇敬和謝意說起過它，它暫時甚至是我們可以支配的最精巧的儀器：能夠分辨即使分光鏡也無法辨別的運動的最小差異。我們今天擁有科學的程度，恰好讓我們下了決心，**接受**感官的明證，我們學會了使它們更加敏銳，去武裝它們，透徹地思考它們。剩下的是怪胎和「尚且不是的」科學，這指的是形而上學、神學、心理學、認識論。**或者**形式科學、符號理論，就像邏輯學和那種應用邏輯、數學。在它們中間，真實性根本未曾現身，甚至沒有作爲問題出現；同樣沒有作爲提問出現，即這樣一種符號協定，正如邏輯，[6]究竟具有何種價值。

四

哲學家的**另一種**特異體質危險性同樣不小：這就是混淆始末。他們把那最後到來的東西——可惜！因爲那根本就不該到來！——把那些「最高的概念」，這就是那些最普遍、最空洞的概念，現實那蒸發著的最後的霧氣，[7]**作爲**開端設置在開端。這又是他們進行崇拜的表達方式：高級的東西不**允許**從低級的東西裡長出，根本不允許長成……教誨就是：所有第一等級的東西，必須是其自身的原因（causa sui）。來源於其他被視爲異議，視爲價值的不可靠。所有最高的價值均隸屬第一等級，所有最高的概念、存在者、絕對者、善、眞實、完美，這一切不可能是生成的，也就一定是其自身的原因。不過，這一切也不可能彼此不同、不可能自相矛盾……由此他們有了自己那令人吃驚的概念「上帝」……那最後的、最單薄的、最空洞的東西被設置爲起始，自因，最最眞實的存在者……[8]人類當初該認眞對待病蜘蛛的腦疾！——人類曾爲此付出了沉重的代價！……

五

最後，讓我們回答，**我們**以何種不同的方式（我出於禮貌說我們）觀察謬誤和假象的問題。從前，人們把變化、轉換和生成，統統看成假象的證明，看成某種會把我們引入歧途的事物存在的標記。今天，我們反而看到，正是理性和偏見迫使我們，設定統一、同一、持續、實體、起因、物性和存在，在某種程度上，讓我們自己捲入謬誤，**強制**我們陷於謬誤；根據我們這裡的一種嚴格的覆核，我們對此十分肯定，**即**此處有謬誤。這同偉大天體的運動別無兩樣。就天體的運動來說，謬誤把我們的眼睛，而在此處，謬誤把我們的

語言當作可靠的辯護者。根據其起源，語言屬於心理學發育最不完善之形式的時代。當我們意識到語言形而上學的基本前提時，用德語說：是**理性**的基本前提，我們就變成了一種粗俗的拜物生靈。[9]這個生靈到處看見案犯和行爲：它相信意志根本就是起因；它相信「我」、相信我是存在、相信我是實體，並且把對於我是實體的信仰，**投射**到萬物之上——它借此才**創造了**「事物」這個概念……存在到處被設想，被**強解**爲起因；從「我」這個構想中，才匯出，作爲派生，「存在」這個概念……一開始就存在著謬誤的巨大厄運，以爲意志是某種起效的東西，——意志是一種能力……今天我們知道，它只不過是個單詞……很久以後，在一個一千倍地得到啓蒙的世界裡，哲學家們驚訝地意識到理性範疇[10]運用中的**可靠性**，以及主觀的**確定性**；他們推斷，這些同樣的理性範疇不可能源自經驗，全部的經驗與此相悖。**它們究竟從何而來**？在印度如同在希臘，人們曾有同樣的失策：

我們肯定曾經處在一個更高級的世界裡（而不是在一個非常低級的世界裡——這也許曾是事實！），我們肯定曾是神聖的，因爲我們擁有理性！[11]

……

其實，至今爲止，沒有什麼比關於存在的謬誤更有一種素樸的說服力了，比如像埃利亞學派表述的那樣：我們說出的每個詞、每個句子，都在爲這種謬誤講話！即使是埃利亞學派的對手，也受到了他們那存在概念的制約。德謨克利特[12]就是其中一個，他發明了**原子**……語言中的「理性」：一個多麼具有欺騙性的老婦！我擔心，我們無法擺脫上帝，因爲我們還相信語法……[13]

六

人們將感謝我，倘若我把一個如此根本，如此新穎的洞見歸納成四個命題——我以此讓理解變得容易、我以此向異議挑戰。

第一個定律。把「這個」世界解釋爲假象的理由，反而證明了它的實在性，——**另一種**實在性完全是無法證明的。

第二個定律。人們歸諸於事物「眞正的存在」的特徵，是非存在的、虛無的特徵，——人們從與眞實世界的矛盾中，建造出「眞正的世界」，事實上這是一個虛假的世界，就此而言是一種**道德和視閾上的**幻覺。

第三個定律。把一個「另外的」世界編造成這個世界，這毫無意義。前提是，對於生命的誹謗、蔑視和懷疑的一種本能，在我們身上不怎麼強大；否則的話，我們會以對一種「另外的」、一種「更好的」生活的幻覺，來**報復**生命。

第四個定律。把世界分成一個「眞正的」和一個「虛假的」世界，無論以基督教的方式，還是以康德[14]（畢竟是個狡猾的基督徒）的方式，只是頽廢的一種意志移植，**沒落**的生命的一種徵兆……藝術家對假象的評價高於對現實的評價，這不是針對這個定律的異議。因爲「假象」在這裡意味著**又一次的**現實，只是在一種選擇，加強和修正之中……悲劇藝術家不是悲觀主義者，他正是贊同所有成問題的和可怕的事物，他是**狄俄尼索斯的**……[15]

[79]

【注釋】

1 之前的標題：「哲學作爲特異體質」（idiosyncrasie）（Mp XVI 4）；「眞實世界與表象的世界」（W II 5, 72）。——法文G版注

2 埃及主義：影射埃及，尤其在金字塔時代（古代王國，三至六王朝，前二七八〇—二二一六）的僵化，等級制，造型藝術中的散點透視法，正如也在死亡和木乃伊習俗中展現的那樣：在（成爲木乃伊的）亡者的「永恆之城」裡，實存該被徹底地從對於時間、生成和消亡的俯就中排除。——Pütz版注

3 單一的有神論（Monotono-Theismus）：尼采使用這個文字遊戲，把無聊的單一性強加給有神論，這個對唯一

的一個上帝的信仰。——Pütz版注

4 埃利亞學派：根據下義大利城市埃利亞得名的哲學流派，西元前五四〇年由色諾芬尼建立，屬於其最重要的代表人物的有：巴門尼德（Parmenides，約前五四〇—四八〇）、芝諾（Zenon，約前四九〇—四三〇），同樣還有屬於西元前五世紀的埃利亞的麥里梭（Melissos von Elea）。對尼采的論證的關聯來說，埃利亞學派本體論的兩個特徵特別重要：1.事物的本質肯定處在聽任生成和滅亡擺布的感官世界的事物之外（也就是說存在不處於事物中，而是超越事物或者躲在事物之後）；2.存在與生成對立，因爲它源自非存在，重新又進入非存在。正是本質和事物、存在同生成的分離，在這裡被尼采稱爲「謊言」。——Pütz版注

5 接下去，在W II 5, 73上，這句話被劃掉：「對於這一點，我們今天以赫拉克立特的眞正門徒的身份來進行思索。」——法文G版注

6 符號協定〔……〕邏輯：尼采此處指的主要是形式邏輯作爲思維內容間關係的學說，它的高度抽象性。而根據傳統的、可以回溯到亞里斯多德的區分，那關於概念，判斷和結論的學說也同屬於此。在此，單個句子之間的關係，純粹根據它們的結構，也就是獨立於它們各自的內容，得到建立。——Pütz版注

7 初稿：「我不知道那些如此無用、龐大、而又晦澀、易蒸發的概念，就像『善』的概念、『眞』的概念。」（Mp XVI 4）。——法文G版注

8 最最眞實的存在者（ens realissimum）：在經院哲學的形而上學理論中，這是全部現實的整體，即上帝。——Pütz版注

9 拜物生靈：物神（Fetisch）這個詞在原始的，首先在「泛靈論的」，也就是說在建立在「唯思維論」之宗

教基礎上的宗教裡，是對於從根本上來說是任意的對象的稱呼。這種對象與護身符不一樣，不是從它自身出發，而是透過一種被置入這個對象的符咒，發揮保護和幫助的作用。尼采看到，正是這樣一種神祕的投射過程，參與了對語言，理性和形而上學的構建。——Pütz版注

10 理性範疇：在哲學中，範疇一方面是最普遍的，同時是最簡單的直陳、陳述、和概念形式，從中可以派生出其他所有的概念；另一方面是認識對象的存在的基本形式。範疇學的奠基人是亞里斯多德，其最全面的設置由康德的「範疇表」完成，它舉出了總共十二個範疇，三個一組，分成四組：統一、多樣、整體；實在、否定、限制；實體、因果關係、相互作用；可能性、此在、必然性。叔本華否定了康德的範疇，在他自己的哲學裡，只認可一點，那個充分根據律：「爲何如此，沒什麼會無根據」（《充分根據律的四重根》，一八一三，§5）。叔本華在此提出四個「形態」：1.存在根據律（在時空中）；2.因果關係律；3.動因律；4.充分根據律（§46）。——Pütz版注

11 在印度如同在希臘〔……〕理性：這裡首先涉及古希臘和印度宗教（佛教）所共有的、關於再生或轉世的理論（「靈魂轉生」）。但尼采的論證關聯表明，這裡主要可以推測的，是對柏拉圖的觀念理論和它以此作爲基礎的、主要在《斐多篇》裡發展的兩個—世界—本體論的影射。根據這個學說，一個純粹觀念的宇宙，統領感性現象的世界；人類的靈魂在其原始的存在中同這樣的觀念是一致的，而以後才透過與一個肉身（出生）的聯合，喪失了它「觀念上的」實存；人的道路，尤其是哲學家的道路，被描述爲，借助理性和認識，同觀念的一次重新聯合的嘗試。——Pütz版注

12 德謨克利特（Demokrit，約前四六〇—三七〇）：蘇格拉底之前「原子論」的最重要代表；根據這個理論，

原子是最後的、不可分的物質單位，從材料上看，被設想爲是不變和不可摧毀的。另外，在德謨克利特那裡，原子不僅僅是一切事物的基本質地的載體，同時具有空間的數學秩序的基本特徵，所以，原子論能夠被擴展爲對全部現象世界進行一種解釋的基礎，一種宇宙學。——Pütz版注

13 初稿：「它相信『我』，相信我是存在、相信我是實體，並且把這個主體的幻覺拓展到所有其餘的事物之上，一個存在到處被尊崇，並被設定爲起因。如果說古代的這些智者，比如古希臘的埃利亞學派，他們對於所有人來說擁有一種如此強大的說服力，甚至對於那些唯物論的物理學家來說也是如此（德謨克利特接受了此種爲埃利亞學派所珍視的存在的概念上的規定，因爲他發明了原子），別忘了是什麼在爲其自身的利益而進行言說：語言中所內在的本能，那所謂的理性。它堅信一個被賦予了存在的世界，它的種種範疇不能在絕對生成的世界中被揭示……我們發現自己處於困境中，不再能掌握那些支配我們的概念的法則，並不得不到處都引入古老的範疇：因而，我們今天仍然使用「原因」這個詞，然而卻清空了其所有內涵。並且，我擔心所有我們的原則仍然在一種完全是獨斷的意義上使用古老的詞語」（W II 5, 68）。——法文G版注

14 康德（Immanuel Kant, 1724-1804）：十八世紀最重要的德國哲學家。其主要著作爲：《純粹理性批判》（一七八一）、《實踐理性批判》（一七八八）和《判斷力批判》（一七九〇）。尼采在這裡主要指的是由康德在《純粹理性批判》的「先驗辯證論」中展開的，對形而上學的認識樂觀主義的批評。這種認識樂觀主義主張事物的純粹的邏輯和理性的可辨性（特別是：上帝、世界、靈魂）。反而在康德那裡，作爲感性直觀之對象而可辨認的現象，同「自在之物」相對立，而這種「自在之物」作爲超驗的對象，處在任何感性經驗之外，並且獨立於它。——Pütz版注

15 狄俄尼索斯的：來自狄俄尼索斯神的名字（Dionysos）。他是宙斯（Zeus）和塞墨勒（Semele）的兒子。除了阿波羅的（Apollinisch），狄俄尼索斯的這個概念——作爲全體的綜合性的象徵——是尼采早期著作《悲劇的誕生》（一八七二）中的重要綱領。——Pütz版注

1

「眞實的世界」如何最終成了寓言

——一個謬誤的歷史

[80] 1.眞正的世界對智者、虔誠者和有德行者來說是可以達到的，**他生活在其中，他就是它**。（觀念最古老的形式，比較明智、簡單、令人信服。對這個句子的改寫「我，柏拉圖，[2]是眞理」[3]。）

2.眞正的世界，現在是不可達到的，但許諾給智者，虔誠者，有德行者（「給悔過的罪人」）。（觀念的進步：它變得精巧、棘手、不可把握，**它成了女人**、它成了基督教的……）

3.眞正的世界，不可達到，無法證明，不可許諾，但已經被想好，是一個安慰、一項義務、一個命令[4]。（本質上是那個舊的太陽，但透過迷霧和懷疑；觀念變得精深、灰白、北方式、哥尼斯堡式[5]。）

4.眞正的世界——無法達到？無論如何未達到。未達到也就是**未知的**。所以也無法安慰、拯救、賦予義務。某種未知的東西能讓我們承擔什麼義務？……（拂曉。理性的第一個哈欠。實證主義[6]的雄雞啼鳴。）

[81] 5.「眞正的世界」——是一個不再有任何用處的觀念，甚至不再讓人承擔義務，一個無用的，一個成爲多餘的觀念，**因此**是一個被駁斥的觀念，讓我們廢除它！（天明；早餐；健全的理智〔bon sens〕和快活心情的回歸；柏拉圖羞得面紅耳赤；[7]所有自由的英才[8]大聲喧嘩。）

6.我們已經廢除了眞正的世界：剩下的是什麼世界？也許那個虛假的世界？……但是不！**連同那眞正的世界，我們也把那虛假的世界廢除了！**（中午；陰影最短的時刻；最長久的謬誤的終結；人類的頂峰；**查拉圖斯特拉開始**[9]。）

【注釋】

1 「眞正的世界」如何（……）成了寓言：蒙蒂納里（Montinari）說，這一章根據一八八八年年初的一個計畫，是計畫要寫的書《權力意志》中的第一章，所以在手稿中有「第一章」的標題（考訂版，十四卷，四一五頁）。——Pütz版注

2 初稿：「有理性的、頭腦簡單的、現實主義的，sub speciae Spinozae，對這個句子的改寫『我，史賓諾莎……』」（W II 5, 64）。——法文G版注

3 「我，柏拉圖，是眞理」：對柏拉圖觀念理論所包含的一個思想的論戰性激化：在認識的道路上，國家中只有那些最優秀者才達到最高和決定性的階段，即那些哲學家。只有他們能夠進入觀念，只有他們由此具有能力，從本質上認識智慧、虔誠、德行等的自身，而不依賴它們在現象世界中的表現。尼采在此影射的，正是柏拉圖認識論中這個孤傲的、只有向哲學家們開放的觀點。——Pütz版注

4 命令：顯然指的是「絕對命令」（kategorische Imperativ）。這在康德那裡被宣布爲道德的最高的論證原則：「請這樣行動，時刻讓你意志的準則同時能夠是一種普遍的立法原則。」尼采在此加入了一種自黑格爾以來

經常有人進行的批評，即認爲「絕對命令」只是一個形式上的原則。依據這個原則，某些目標規定或者準則的理由，無法物質地得到充分說明。——Pütz版注

W II 5, 64上：「3.眞實的世界，我們此刻還無法達到，或許我們甚至都不能對其作出許諾，但如果我們堅信其存在，它就已經是一個安慰、一種寬慰、一種解救（這個觀念已變得崇高，如幽魂一般；斯芬克斯的光線，在時間的深處，所有的形而上學家和極北方的人的午夜，然而卻是最高的崇拜和希望的對象）」。——法文G版注

5 哥尼斯堡式：諷刺地影射康德。他一生幾乎從未離開過他的家鄉哥尼斯堡。——Pütz版注

6 實證主義：實證主義是十九世紀中葉以來人文科學中占主導地位的科學理論的教義；由法國哲學家孔德（Auguste Comte, 1789-1857）建立。實證主義代表一種非常明顯地反對形而上學的、嚴格以經驗作爲取向的立場，由此屬於二十世紀批判唯理論的先驅。——Pütz版注

初稿：「理性的」（W II 5, 64）。——法文G版注

7 更正自「理性」（W II 5, 64）。——法文G版注

8 自由的英才：如同在尼采許多文稿中一樣，就是在「自由的英才」概念中，也同時有著兩種截然不同的意義：一方面，他指的是一種僅在表面上不受束縛的自由精神的代表，「所有這些臉無血色的無神論者、反基督者、傷風敗俗者、虛無主義者，這些精神的懷疑論者、優柔寡斷者、肺癆病患者」。尼采顯然以貶低的口吻，指責此處被提到的人，說他們有一種最後的、紛亂的理想主義色彩，某種自由精神式自我駁斥的一種方式：「這些人遠還不是自由的英才，因爲他們還相信眞理〔……〕」（《道德的譜系》、《禁欲主義理念意

味著什麼?》§24）與此相對，尼采提出自由精神的一種類型，它甚至向對於眞理的信仰宣戰，而這個類型至今的唯一代表，他顯然以爲就是他本人，這個重估一切價值者：「讓我們別低估這點：我們自己，我們這些自由的英才，已經是一種對『重估一切價值』，針對有關『眞實』和『非眞實』的所有舊概念的一次眞實的戰爭和勝利宣言」，§13）。——Pütz版注

9 查拉圖斯特拉開始（INCIPIT ZARATHUSTRA）：也就是說，查拉圖斯特拉的哲學時代開始。尼采力圖借助其幫助，最終克服和替換那充滿矛盾的、在他眼裡西方世界的敵視生命的哲學。關於「陰影最短的時刻」，請參見《查拉圖斯特拉如是說》第四部中的段落，「中午」：「小心！炎熱的日午昏睡在田野上。別歌唱！安靜！世界是完美的。」——Pütz版注

更正自PHILOSOPHIA（W II 5, 64）。「查拉圖斯特拉從這裡開始」（「哲學」）。——法文G版注

作爲反自然的道德

1

一

[82] 所有的激情都有一個時段，那是當它們只是災難性的時候，當它們以愚昧的重力把它們的犧牲者拖倒的時候——一個後來的、過了很久的時段，當它們與精神聯姻，「精神化」的時候。從前人們因爲激情中的愚蠢，向激情自身開戰：人們發誓要將其消滅，所有古老的道德怪物都一致主張「人們必須抑制自己的激情」（il faut tuer les passions）。對此最著名的表達形式在《新約》中，在那個山上寶訓[2]裡，順便說一下，在那裡，事物絕對不是被人**從高處**觀察的。比如，在涉及性的問題時，那裡有言：「若是你的右眼叫你生氣，就剜出來丟掉」；幸虧沒有任何一個基督徒，按照這個訓令行事。消滅激情和欲望，僅僅是爲了預防其愚蠢及其愚蠢的不快後果，就我們今天看來，這本身只是愚蠢的一種極端形式。我們不會對那些牙醫再表示讚歎，倘若他們以拔掉牙齒的方式醫治牙痛……另外，合理地說，在基督教生長出的土壤中，「激情的**精神化**」的這個概念，根本不可能被 [83] 構想。眾所周知，最早的教會爲了培植「精神的貧困」，[3]而**反對**「才智人士」：怎麼能期待它展開一場反對激情的理智的戰爭呢？教會以徹底的切除來抵制激情，它的策略、它的「治療手段」是**閹割術**。它從來不問：「人們該如何使一種欲望精神化，得到美化和神聖化？」它在任何時代都把風紀的重點放在根除（根除感性、自負、統治欲、占有欲和復

仇欲[4]）上。不過從根源上攻擊激情，這意味著：教會的實踐是**敵視生命的**……

二

這同樣的手段，切除、根除，也被那樣的人選用，出於本能地與一種欲望搏鬥。他們意志太軟弱、退化太厲害，無法在欲望中自行克制，也被那樣的天性選用，他們需要苦修會，[5]用比喻的話說（不過沒有比喻），需要任何一種最終的敵對的聲明，一道介於自己和一種激情的**鴻溝**。這些極端的手段僅對那些退化者不可或缺；意志的衰弱，更具體地說，**無法**對一種刺激做出反應的無能，本身只是退化的另一種形式。針對感性的極端敵意和不共戴天，始終是一個值得深思的徵兆：以此人們得以推測這樣一個愛走極端者的整體狀態。——此外，那種敵意，那種仇恨會登峰造極，一旦這些天性不再足夠地堅強，自己去接受徹底的治療，回絕他們的「魔鬼」。請回顧一下教士，哲學家以及藝術家的整個歷史：對付感官的最惡毒的話，**不是**出自陽萎者，也**不是**出自禁欲主義者，而是來自不可能是的禁欲主義者、來自那些有必要當禁欲主義者的人……

三

對感性的昇華叫**愛**；愛是對於基督教的一個偉大勝利。另一個勝利是我們對**敵意**的昇華，其內容是，人們深刻地領會擁有敵人的價值。簡而言之，與以前不一樣的行動和推論、相反的行動和推論。教會在一切時代都想消滅它的敵人——我們，我們這些傷風敗俗者和反基督者，在教會的存在這點上，看到了我們的優勢……就是在政治中，現在敵意也得到昇華，變得更明智、更審愼、**更寬容**。幾乎每個黨派都領會到，它們那自我保存的利益所在，正是反對黨力量不衰；而這對大政治同樣有效。特別是一個新的創造物，比如一個新的帝國，比之需要朋友，更需要敵人；只有在對立中，它才感到自己是必要的，在對立中它才**成爲**必要……針對「內心的敵人」，我們的行爲沒什麼兩樣：就是在這裡我們也對敵意進行了昇華，就是在這裡我們也領會了它的**價值**。人要**多產**，充滿矛盾是代價；人要永保**青春**，只有以此爲前提，即靈魂不伸懶腰、不貪圖平和……沒有什麼比以前那種求得「靈魂平和」[6]的願望，**基督教的**願望，更讓我們感到陌生了；沒有什麼比道德母牛和心安理得的好運，更不讓我們嫉妒了。如若放棄戰爭，就是放棄了**偉大的**生命……在許多情況下「靈魂平和」只是一種誤解，是某種不知道誠實地稱呼自己的**另類**。不繞彎子、不帶偏見地舉幾個例子。比如，「靈魂的平和」可以是一種豐富的動物性進入道德（或宗教）的柔和的射線。或者疲憊的開始，是傍晚，任何一種傍晚，投下的第一道暗影。或者是空氣溼潤、南風吹拂的標記。或者是無意識地對一種順利的消化的謝意（有時被稱爲「博愛」）。或者是痊癒者的緘默，他重新品嘗萬物，等待……或者是跟隨一種我們那占支配地位的激情得到強烈滿足而來的狀況，一種少有的飽足的舒適感。或者是我們的意志、我們的欲求、我們的惡習的衰老。或者是被虛榮說服，道德地打扮自己的懶惰。或者在一種由於不確定性而長時間地緊張和受折磨之後，一種確定性，哪怕是駭人的確定性的出現。或者在行動、創造、勞作和意願中間的成熟和熟練的表現，那平靜的呼吸，那**已達到的**「意志的自由」……**偶像的黃昏**：誰知道呢？也許僅是一種「靈魂的平和」……[7]

四[8]

我概括地提出一個原則。道德中的每種自然主義，[9]也就是說，每種**健康的**道德，都受生命的一種本能支配，生命的任何一種戒律都被借助某種關於「應該」和「不應該」的法則得以貫徹，生命道路上的任何一種阻礙和敵意被借此清除。反而，那**反自然的**道德、那意味著幾乎每種至今爲止被宣導、受崇拜和鼓吹的道德，正是反對生命的本能，它時而是一種隱蔽的、時而是一種響亮和狂妄的、對於這種本能的**譴責**。透過說「你們的心，上

[85]

帝知道」，[10]它對生命最低和最高的欲望說不，而且把上帝當作**生命的敵人**……上帝喜愛的聖人，是那個理想的閹人……生命結束在「上帝的疆域」**開始**的地方……

五

假如，一個人領會了這樣一種反對生命之行爲的褻瀆神靈性質，而這種反對在基督教道德中幾乎已變得神聖不可侵犯，那麼，他由此也幸運地領會到其他一些什麼。這樣一種反對的無用、虛假、荒謬和**欺騙性**。來自生活者一邊的對於生命的譴責，最終只是生命之某種類型的徵兆：有理還是無理，借此這個問題根本沒有提出。人們必須在生命之外有一個立場，此外對生命有很好的認識，如一個人、許多人、所有人經歷過的一樣，這樣才能眞正觸及生命的**價值**[11]這個問題，有足夠的理由去領會，這個問題對我們來說是個不可企及的問題。**倘若**我們談論生命的價值，我們是在生命的激勵、在生命的視閾中談論的。生命自身迫使我們設定價值，倘若我們設定價值，那麼生命自身透過我們進行評價……由此推論，那個把上帝作爲生命的對立概念和譴責生命的、那個**道德上的反自然**，同樣只是生命的一種價值判斷——不過是**什麼**生命的？是**何種**類型的生命？——但我已經作答：是那個走向沒落的、已被削弱的、疲憊的和受到譴責的生命的價值判斷。就迄今爲止被理解的那樣，道德——就像它最近還被叔本華表述爲「對於生命意志之否定」[12]那樣——是**頹廢的本能**自身，它把自己變成一道命令：它說：「**去毀滅吧！**」——它是受譴責者的判決……

六

最後再讓我們斟酌一下，說「人該如此這般和這般如此！」，這有多麼天眞。現實向我們展示了類型的一種令人迷醉的豐富，一種揮霍的形式遊戲和形式變化的繁盛。某個可憐的、是道德學家的遊手好閒者對此說：「不！人應該是別樣的」？……他甚至知道，人應該怎樣，這個可憐蟲和僞君子，他把自己畫到了牆上，並且說：「瞧這個人！」[13]……但是，即使道德學家只面向一個人，對他說：「人該如此這般和這般如此」，他也沒有停止，把自己弄得滑稽可笑。個人是命運的一部分，前後一樣，對一切將要到來之事和成爲之事，這更是一條法則、一種必然。對他說「請改變自己」，意味著要求改變一切，甚至還往前追溯……眞的有一些堅定的道德學家，他們要人變成另外的樣子，即有德行，他們要別人效仿他們的模樣，亦即當僞君子：爲此他們**否定**世界！不要狹隘的瘋狂！不要謙遜的苛求！道德，只要它就其自身進行**譴責**，而不是從生命的角度、理由和意圖出發，就是

[87]

一種特別的謬誤，我們就不必對它表示同情，它就是一種**退化的特異體質**，它已經釀成無窮的禍害！……我們其他人、我們這些非道德主義者，反而爲所有類型的理解、領會和**贊同**，敞開我們的心扉。我們不輕易否定，我們在當**肯定者**中尋覓我們的榮耀。我們愈來愈明白那種經濟學。爲了生命法則中的那種經濟學，它需要、也懂得去利用那些被教士、教士**病態**理性中的神聖愚昧所譴責的一切，從僞君子、教士、有德行者的可憎一類人身上，獲得它自己的好處，**什麼**好處？不過我們自身，我們這些反道德主義者，在這裡就是答案……

【注釋】

1 這章由兩部分構成，其中第二部分在筆記本WII5, 47-49中被作爲第一個部分，並冠以「道德，頹廢的類型」的標題。第一至三段首次出現於WII6, 43-44。在紙盒Mp XVI 4，我們發現一份一、二段的複本，被冠以「叔本華和色情」的標題。第四至六段同樣也被轉錄於手稿Mp XVI 4，但卻處於不同的上下文。把這兩個部分合併爲單獨的一章，始於一八八八年秋的謄清工作，《偶像的黃昏》和《敵基督》應該就是從此誕生的（一度放棄了《權力意志》的出版計畫）。

下面就是出現於WII6,43-44的§§1-3的初稿：

「戰勝激情中的愚蠢，這在我看來是一項最偉大的勝利，但它卻絕不會實現：亦即維持激情，然而，卻在其中引入精神、精緻和節制的要素，以便它變成一種存在的逸樂（délices de l'existence）。以前，由於激情中的愚蠢，以及由此所導致的令人煩惱的後果，人們想要徹底清除激情，這無非就是另一種愚蠢。人們在《新約》找到了這樣的表述，在著名的「山上寶訓」中，事物絕對不是被人從高處觀察的。不言而喻，對於這樣的tchandala來說，激情的精神化是不能構想的，即使是作爲趨向：在《新約》中，「精神」這個詞本來就是取其反義的。他們以全力反對有「理智」者：怎麼能期待他們展開一場反對激情的、有理智的戰爭呢？……這也就是爲何教會反對激情的鬥爭，從這個詞的全部含義上來說，是一種殘毀（mutilation）、閹割……對教〔會〕戒律的反思始終圍繞著此點：怎樣根除欲望、自負、統治欲和貪婪？……

同樣不言而喻的是，同樣的過程、殘毀、閹割，是被那些意志軟弱、不能使自己接受一種溫和的、戒律的人而選擇的：對於這樣的天性來說，他們需要苦修會，需要一種對於自己和激情之間的敵對狀態的根本的、決定性的聲明……這是一種退化的異常陳腐的類型，它在這裡獲得了其表現。它往往出現在那些所謂的悲觀主義者身上：比如，在叔〔本華〕這類型的人與色欲之間的關係中。一種自認的……個人的無能占據了上風，最終變成對在這裡占據上風者的持續的仇恨——這是可以被理解的，儘管不是哲學界中最少被理解的……這種仇恨會登峰造極，一旦這些天性不再足夠地堅強，無法承受此種極端的方式、無法棄絕他們的「魔鬼」；在哲學〔及藝術〕的全部歷史中，對付感官的罪惡毒的仇恨，不是出自陽萎者，也不是出自禁欲主義者，而是來自那些失敗的、但卻異常渴望成爲禁欲主義者的人……基督徒聖─奧古斯丁不是別的，〔正是對於其被征服的「魔鬼」的一種報復〕，正是一個部分失敗的禁欲主義者的瘋狂勝利……

……/對各式各樣的貪婪所進行的精神化，Pétrone的salura menippea提供了一個經典的例證。應該同時作爲一位教父來讀它，並自問從哪裡吹來最純淨的風……任何的下流和猥褻的傲慢都會讓一位老牧師深陷絕望/。對敵意的精神化，其內容是，人們深刻地領會擁有敵人的價值：簡而言之，與以前相反的行動和推論，因爲敵意仍然是愚蠢的：以前，人們想要消滅敵人。存在著創造，因爲新的德意志帝國僅僅是透過一種對於德國人的仇恨的〔存在〕才理解了其自身的必要性——以便其根源能夠被遺忘。/對於「內在的衝突」來說也是一樣：那些爲了獲得靈魂的平和的人，同意消滅靈魂（使靈魂饑餓、剝奪、毀滅它），他的做法和前人一樣，沒有什麼具有更高的意義了。所有那些具有強大本性的人都知道，他們自身就充滿著矛盾對立，——而他們那無法窮盡的豐富性就依賴於此種永恆的鬥爭，因此，那著名的「靈魂的平和」是被排除的。這對於政治活動家和藝術家來說都是有價值的。要是一個人賦予靈魂的平和比鬥爭、生命和豐富性以更高的價值，那他肯定是一個頹廢者……或者，換言之：當人們覺得自己生命枯竭時，就會選擇平和……」——法文G版注

2 山上寶訓：山上寶訓在《馬太福音》（5-7）裡得到流傳；尼采引用的地方，完整的是：「若是你的右眼引誘你犯罪，就剜出來丟掉。寧可失去你的一個肢體，不叫全身被扔進地獄，這樣對你更好。」——Pütz版注

3 精神的貧困：對《馬太福音》5, 3中一句話的諷刺性影射：「精神貧困者有福了，因爲天國是他們的。」——Pütz版注

4 感性〔……〕復仇欲：尼采此處和在再下一段的結尾處列數的本能，顯然讓人想起基督教的七種深重罪孽：自負、貪心、淫蕩、嫉妒、無節制、發怒、懶惰。——Pütz版注

5 苦修會（la Trappe）：一六四四年，在法國西北部的特拉伯的西妥教團修道院，成立了特拉伯修士（有較嚴

格教規的西妥教團修士）的天主教修士會；尼采在此涉及教會戒律的禁欲主義的嚴肅論。這類戒律規定了嚴格的緘默，素食和艱苦的田間勞作。——Pütz版注

暗指叔本華。參見SE3：「在另一半之中，生活著一種未被很好控制的願望：我們能夠更充分地理解它，當我們知道他把痛苦的目光從Rancé（苦修會的偉大奠基人）的畫像之上挪開，說：『這是榮耀的事業』。」這段對於叔本華的生平的記述來自W. Gwinner的著名傳記，尼采讀過它。——法文G版注

6 「靈魂平和」：參見《新約・羅馬書》14, 19：「所以讓我們追求有助於平和以及互修身心的事。」尼采用來描述這裡狀況的、極端的心理矛盾，提示了「心靈平靜」之第二個、基督教之前的綱領，即「靜觀」（Ataraxie）：根據希臘哲學家伊比鳩魯（Epikur，前三四一－二七〇）的理論，人的目標和幸福應該是，透過對享受和自我約束的理智的權衡，達到一種不可動搖的心靈平衡。——Pütz版注

7 之前的版本（Dm）：「〔顛覆一切價值〕『一位心理學家的閒暇』：這同樣也是一種『靈魂的平和』。」對校樣所作的修改的異文：「偶像之錘：誰知道呢？也許它也是一種〔……〕『一位哲學家怎樣提出問題』：——這本書也，像『華格納事件』，首先〔……〕」。——法文G版注

8 （§§4, 5, 6）：我們在Mp XVI 4和W II 5發現了這三段（§），但處於不同的上下文。W II 5, 47-40，在一個最終的上下文給出了完整的第一版：它包括四段（§），被尼采編號爲從1到4；§§2, 3, 4，對應於當前版本的§§4, 5, 6。而這篇文本接續其後的§1，則未被採用：

「道德，頹廢的類型。/當〔一個出自非常偶然和明顯的生存條件的共同體頒布法令：『在我們之中，必須如此這般的行動』以及『不可以如此這般的行動』時，它在禁止，在命令〕，出於一種群體的本能，我們強

令自己接受規則，禁止某些行動，出於同樣的理由，我們並不禁止某種『存在』的方式，也不禁止某種『精神狀態』，而僅僅禁止此種『存在』、此種『精神狀態』的某種傾向與某種踐行。然而，德性〔道德〕的荒唐的意識形態家，道德主義者，經歷了這些而說道：『上帝探知心靈！你們拒絕某些行動，這是何等重要的事情：那不會使你們變得更好！』回答：道德高尚的驢子〔l'âne〕先生，我們絕對不想變成更好，我們對於自己非常滿意，我們只是不想被彼此傷害，這也是爲什麼我們禁止某些行動，出於某些考慮，亦即，對於我們自身的考慮，然而，同樣是這些行動，當它們被敵人——比如說，你們——所踐行的時候，卻馬上能產生公眾的利益〔我們尊重並鼓勵這些行動，我們透過規訓和教育對其進行推廣。如果說我們擁有了某種你們向我們建議的不體面的極端主義（radicalisme），它旨在傳播它的那些信念（即一種存在或命運〈fatum〉），那我們就將由此摧毀了對我們自身力量及生存的掌控——〔而且〕我們也最爲尊重這同一種精神狀態……我們僅僅試圖防止其過剩和偏離〕我們不懂得充分地尊重它們，我們正是爲了這些行動而教育、培養我們的孩子……如果我們擁有了這種你們向我們推薦的、你們的那些神聖的無理性向我們所推薦的『爲上帝所悅』的極端主義，如果我們〔像你們一樣〕是生來的侏儒症患者，如果我們欲求這些行動、但卻詛咒其來源、『勇氣』和『精神狀態』，這就意味著詛咒我們的生存，並且，和它一起，〔否棄〕它的至上的條件——一種精神狀態、一種勇氣、一種激情，它是我們最爲尊重的。透過命令，我們阻止這種精神狀態的過度的、以不恰當方式的表現，我們賦予自身這些法律時，我們是深思熟慮的，由此，我們都是同樣道德的……你們難道不在揣測，哪怕是遠遠地。爲了成爲自己的主人、爲了對自己冷酷無情，我們付出了怎樣的代價、進行了多少矯正呢？這些都是必需的嗎？我們的欲望是猛烈的，它們正是那些我們在其中能夠相互廝殺的時刻……然而，在我們之中，共通的感覺取得了優勢：你們會注意到，這幾乎是一種對於道德的界定……」在Mp XVI 4，這段話的最終版本和文本的其餘部分（c-à-d. aux actuels §§ 4-6）透過以下這句後來被刪掉的話而聯結在一起：「這就是一位道德自然主義者的話語。」所謂的《權力意志》的編者從上面這段異文抽取出他們所編撰的格言281，而沒有指出它和CI之間的關係。——法文G版注

9 自然主義：在哲學中，自然主義是一個表示某些立場的綜合名稱。在這些立場中，效用要求建立在所謂自然的發展序列或者自然的洞見上。自然主義的起源於針對基督教的上帝的啓示和道德學說所作的宗教哲學批判。這種學說透過一種超自然的注解知識獲得合法性。自然主義作爲自然神論和自然宗教，確定了十八世紀的宗教哲學。——Pütz版注

10 「你們的心，神知道」：參見《路加福音》16, 15。——Pütz版注

11 生命的價值：暗指一八六五年德國哲學家杜林（Karl Eugen Dühring, 1833-1921）出版的書《生命的價值》；針對達爾文的「生存鬥爭」論，他提出了關於一種「眞正自由的社會」的樂觀主義思想。在這樣一個社會裡，所有強制和統治關係都將被廢除。這個思想受到恩格斯（Friedrich Engels, 1820-1895）的反對（《反杜林論》，一八七八）。——Pütz版注

12 「對於生命意志之否定」：在叔本華那裡，只有透過禁欲中意志反對自身的一種倒轉，它才可以實現（《作爲意志和表象的世界》，I.第四篇，§70）。尼采這裡指的就是這樣一種道德心理學攻擊自身的、「反自然的」觀點。——Pütz版注

13 「瞧這個人！」（ecco homo）：當彼拉多見到身穿紫袍、頭戴荊棘冠冕的耶穌，出現在要求把祂釘上十

字架的人群前時，說出這句話（《約翰福音》19, 5）。尼采以「瞧這個人」，給出自爲《快樂的科學》（一八八二）所寫詩篇「玩笑、陰謀和報復——按德語韻律而寫的序曲」的第二十六首詩作標題。以此作爲標題的還有他一八八八年的自傳體論著《瞧這個人。一個人如何成爲他是的人》。——Pütz版注

四種大謬誤

1

一

混淆原因和結果的謬誤[2]——沒有什麼比**混淆結果和原因**更危險的謬誤了：我把這個 [88] 謬誤稱作理性眞正的墮落。儘管如此，這個謬誤屬於人類最舊和最新的習慣；它甚至在我們中間被神聖化，它擁有「宗教」和「道德」的名稱。宗教和道德所表達的**每句**話，都包含著它；教士和道德立法者是理性墮落的始作俑者。我舉一個例子：人人知道著名的柯爾納羅[3]的那本書。在書中，他把自己食量少的特殊飲食，當作幸福長壽的——而且有德行的——生活的良方推薦給別人。很少有書曾被這麼多的人讀過，直到今天在英國，每年還要印幾千冊。我毫不懷疑，幾乎沒有一本書（《聖經》除外，而這是公平合理的）像這個善意的怪物一樣，曾造成如此多的禍害，**縮短了這麼**多的生命。其原因是：混淆了結果和原因。這個誠實的義大利人在他的特殊飲食中看到自己長壽的**原因**。而其實，長壽的先決條件，即特別緩慢的新陳代謝、少量的消耗，才是他食量少的原因。吃多**或者**吃少，他並沒有選擇的自由，他的知足**不是**一個「自由的意志」；要是他多吃，他會得病。誰如果不 [89] 是一條鯉魚，就不僅最好，而且必須**像樣地**吃飯。**我們**時代的學者，精神力量快速消耗，使用柯爾納羅的規定飲食，只會致自己於死地，請相信專家。[4]

二

每種宗教和道德當作基礎的，是這樣一句最普遍的套語：「請做這個和這個，不要做那個和那個——這樣你就會幸福！不然的話……」每種道德、每種宗教都是這樣的命令，我把這個命令稱爲理性的巨大原罪，**不朽的非理性**。在我的嘴裡，那句套語轉變爲它的反面——我的「重估一切價值」的**第一個**例子：一個發育良好的人、一個「幸運者」，**必須**採取某些行動，而本能地害怕其他的行動，他把自己生理上表現出的秩序，帶入他與人和物的關係中。用公式來說：他的德行是他幸福的**後果**……長壽、興旺的子孫後代，**並非**是德行的報酬，相反地，德行自身更是新陳代謝的一種延緩，它也是一種長壽、興旺的子孫後代，簡而言之，是**柯爾納羅主義**後果的一種。教會和道德說：「一個種族、一個民族會由於惡習和奢侈而滅絕。」我那**重建的**理性說：當一個民族滅絕和生理上蛻化時，惡習和奢侈就由此**產生**（這就是說需要愈來愈強烈和頻繁的刺激，就像每個疲憊的生靈所熟悉的那樣）。這個年輕人過早地臉色蒼白和精神萎靡。他的朋友們說：這歸咎於這個和這個疾病。而我說：他得病的原因是，他不能抵抗疾病，這本身已經是一種衰退的生命、一種遺傳性衰竭的後果。報紙讀者說：這個政黨用這樣一個錯誤搞垮自己。我的**更高的**政治說：一個犯這樣錯誤的政黨，已窮途末路——它不再擁有安全本能。每種意義上的每種錯誤，是本能衰退和意志消解的結果。由此大家幾乎能給壞下定義了。所有的好是本能——而且，由此說來，是容易的、必須的、自由的。艱難是個異議，上帝與英雄在類型上有別（用我的語言：**輕鬆的**腳步是神性的第一屬性[6]）。

三

一種錯誤的因果聯繫的謬誤。[7]——在所有的時代，人們都相信自己知道，何爲原因：不過我們從哪裡獲得我們的知識，準確地說，我們知道在這裡的信念？那是從著名的「內在事實」領域出發的，但迄今爲止，其中沒有一個事實證明自己是事實。我們相信，在意志的行爲中自己就是原因；我們認爲，至少在這裡**當場逮住了**因果聯繫。人們同樣不懷疑，一個行動的所有前項（antecedentia），它的原因，可以在意識中找到，只要去找，能被重新發現——作爲「動機」[8]：否則人們對此沒有自由，對它也就不負責任。最後，誰會否認，一個想法總有東西造成？是自我造成這個想法？……在這三個「內在事實」中，因果聯繫似乎以它們保障自己，第一個和最具說服力的事實，是**作爲原因的意志**；一種意識（「精神」）作爲原因，接著還有自我（「主體」）作爲原因的設想僅是後來的，而在此之前，因果聯繫被意志確定爲已存在，作爲**經驗**[9]……在此期間我們作了更好地思考。我們今天已不再相信之前的任何一句話。這個「內心的世界」充滿幻覺和磷光，意志爲其中之一。意志不再推動任何東西，也不再解釋任何東西，它僅僅伴隨過程，它也可以缺席。所謂的「動機」——另一個謬誤。只是意識的一種表面現象，以及行爲的附帶物，與其說它表現，不如說它掩蓋了一種行爲的前項。至於自我！它已經變成了寓言、[10]虛構、語言遊戲：它已完全徹底地停止了思考、感覺和打算！……結果是什麼？根本就不存在精神的原因！這方面全部所謂的經驗都見鬼去了！這就是結果！而我們彬彬有禮地濫用了那種「經驗」，於是我們**創造**了作爲一個原因世界、一個意志世界、一個精靈世界[11]的世界。最古老和最悠久的心理學參與其事，它做的事別無其他：對它來說，一切事件是一項行爲、一切行爲是一個意志的結果，對它來說，世界成了眾多案犯，一個案犯（一個「主體」）藏身到所有事件之後。人從自身投射出他堅信不移的三個「內在事實」——意志、精神、自我。他先從自我這個概念裡，取出存在[12]這個概念，根據他的樣子，[13]根據他的作爲原因的自我概念，把「物」設定爲存在者。他以後在物中不斷重新找到的，只是**他塞入其中的東西**，這又有什麼奇怪？物自身，再說一遍，物的概念，只是關於相信自我是原因的一個反映罷了……甚至你們的原子，我的機械論者和物理學家先生們，在你們的原子裡，還殘留著多少謬誤，多少蛻化的心理學！更不用說「自在之物」[14]和形而上學家[15]們的可怕的恥辱（horroendum pudendum）了！精神作爲原因的謬誤被混淆爲現

[91]

實！[16]被設定爲現實的尺度！[17]被稱爲**上帝**！[18]

四

幻想的原因的謬誤。[19]從夢出發：比如，對於遠處一聲炮響的某種感覺，但被強行追加了一個原因（常常是一部完整的小小說，其中的主角正是那個夢幻者）。感覺這時延續下去，以一種迴響的類型：它彷彿等待著，直到原因衝動允許它走到前臺，從此不再作爲偶然，而是作爲「意義」。炮聲以一種**因果關係**的方式，在一種時間的表面倒轉中出現。後來的東西，那個動機說明被首先經歷，經常攜帶著猶如在閃電中飛馳而過的上百種細節，接踵而至的是炮聲……出了什麼事？某一狀態**造成**的表象，被誤解爲同樣狀態的原因。[20]——事實上，我們在清醒時也這麼做。我們那大多的普通感覺——器官在作用和反作用中，抑制、壓力、緊張和爆發的所有類型，如同在交感神經系統[21]的特殊狀態裡，都激發起我們的原因衝動：我們想得到一個**理由**，處於某個狀態中，好的或者壞的狀態中。確定簡單的事實，我們處於某個狀態中，這從來不讓我們滿足。**當**我們對一個事實給出一種動機說明**時**，我們才會認可這個事實，會**意識**到它。在這樣的情況下，記憶不用我們知道就會進入工作狀態，喚起以前同樣類型的狀態和與此相互纏繞的因果解釋，**不是**其因果聯繫。當然，以爲表象和伴隨著的意識過程是原因，這個信念也由記憶同時喚起。由此產生了對某種原因解釋的**習慣**，而這種解釋事實上阻礙甚至排除對於原因的一種**探究**。

五

對此的心理學解釋。——把某些陌生的東西歸類到某些陌生的東西上，使人輕鬆、滿足，此外還有一種權力感。伴隨著陌生之物的是危險、不安、憂慮——第一個衝動就是**消除**這種令人難堪的狀況。第一原理：有一個解釋比沒有好。因爲歸根究柢牽涉到的僅是擺脫壓抑人的表象的願望，人們就不怎麼嚴格地對待擺脫它們的手段。陌生事物借此宣布自己爲已知的第一個表象，讓人感到如此舒適，以至於人們把它「當作眞實的」。（「力量的」）**快感**證明是眞理的標準。——原因的衝動，也就是由恐懼感決定和激起。「爲什麼？」的問題，只要可能，就不該是爲了原因自身的緣故而提供原因，反而是**原因的一個種類**——一個令人寬慰、解脫和輕鬆的原因。某些已知的事物、被經歷過的事物、作爲原因被記錄到記憶的事物，是這種需求的第一個結果。新的、未經歷過的、陌生的事物，被作爲原因排除在外。也就是說，被尋找的不是某種作爲原因的解釋，而是某種**被挑選的**和**受偏愛的**解釋。借助這類解釋，陌生的、新的和未曾經歷過的感覺，能夠最迅速和最頻繁地得以清除，——**最一般的**解釋。——結果是：某種原因的設定愈來愈占優勢，集結成系統，最後**取得支配**地位，這就是說，簡單地排除了**其他的**原因和解釋。銀行家立刻想到「生意」，基督徒立刻想到「罪孽」，女子立刻想到她的愛情。

六[22]

道德和宗教的全部領域可歸到這個幻想的原因概念之下。對於**令人不快**的整體感覺的「解釋」。[23]同樣的感覺由仇視我們的生靈（凶惡的幽靈：最著名的案例——歇斯底里作爲女巫[24]的誤解）造成的。同樣的感覺是由不能認可的行爲造成的（「罪孽」感和「邪惡」感被歸咎於一種生理的不愉快——人們總能找到對自己不滿的理由）。同樣的感覺被造成，作爲懲罰，作爲對一種我們不該做的事和不該是的人的懲罰和清償（被叔本華以公開的形式概括爲一個命題，在此之中道德作爲其本身、作爲生命那實際的投毒者和誹謗者出現）：

每種巨大痛苦，不管它是肉體的，還是精神的，都顯示我們理應得到；因爲，倘若我們並非應得它，那麼它就不會光顧我們。[25]

同樣的感情被造成，作爲輕率、結局糟糕的行爲的後果（情緒、感官被設定爲原因和「有過失」；生理的緊急狀態借助**其他的**緊急狀態被解釋爲「理應得到」）。——對**令人愉快的**整體感覺的「解釋」。同樣的感覺由信任上帝造成、同樣的感覺由對善行的意識造成（所謂的「善良」，一種生理狀況，它有時與一種順利的消化酷似得難以區分）。同樣的感覺由事業的成功結局造成（天眞的錯誤推斷：一項事業的成功結局根本不能給一個憂鬱症患者或者一個帕斯卡[26]帶來令人愉快的整體感覺）。同樣的感覺由信、望、愛[27]造成基督教的德行。事實上，所有這些臆想的解釋都是結果狀態，似乎是樂意或者不樂意的感覺的一種錯誤的方言翻譯。人們處在希望的狀態裡，因爲生理的基本感覺又變得強大和豐富；人們信任上帝，因爲充裕和強大的感覺給他帶來安寧。道德和宗教完全屬於**謬誤的心理學**——在任何單個情況中，原因和效果被混淆；或者眞理與**信以爲眞**的東西的效果混淆；或者意識的一種狀態與這個狀態的因果關聯混淆。[28]

七

自由意志的謬誤。——我們今天不再同情「自由意志」的概念，我們太清楚它是什麼了——世間最臭名昭著的神學家的手腕，目的是讓人類按照他們的想法「負起責任」，這就是說**讓人類依賴於自身**……我在這裡僅展示一切讓人承擔責任之做法的心理學。在有人尋找責任性的所有地方，通常有著**懲罰和意願審判**的本能，在那裡尋找機會。倘若某個存在被追溯到意志、意圖和責任的行爲，人們就會脫下他無辜的生成的外衣：關於意志的學說實際上是被發明的，其目的是懲罰，也就是說，其目的是發現有**罪的意願**。整個古代心理學，意志心理學的前提是，其發明人，在古代政體的頂端是僧侶，想給自己創造一種進行懲罰的權利——或者想要給上帝創造對此的一種權利……[29]人被認爲是「自由的」，爲了能受到判決和懲罰、爲了能變得**有罪**。因此，任何行爲一定是故意的，任何行爲的起源被設想爲存在於意識中（由此心理學事物中**最基本的**弄虛作假，被確定爲心理學自身的原則。）今天，我們已進入**相反的**運動，尤其是我們這些非道德主義者在竭盡全力，要把罪與罰的概念，重新清除出世界，試圖讓心理學、歷史、自然、社會機構和它們的制裁，變得純淨。在我們眼裡，沒有比神學家更激進的敵對勢力了。他們繼續以「道德的世界秩序」[30]概念，用「懲罰」和「罪責」來玷汙形成的無辜。基督教是劊子手的一種形而上學……[31]

八

我們的學說只能是什麼？——沒人能把人的特性給予人，上帝不能、社會也不能、他的父母和祖先也不能，還有他自己也不能（這裡最後否定的觀念的荒謬性，作爲「思維的自由」，已被康德，或許也已被柏拉圖傳授過[32]）。一個人就這麼存在，被創造成這樣或那樣，處在這樣的狀況下、這樣的環境中，沒人該爲此負責。他那本性的宿命，[33]無法從所有已是和將是之存在的宿命中剔除。他不是一個自身意圖、一個意志、一個目的[34]的結果，不會用他去嘗試，實現一個「人的理想」或者一個「幸福的理想」或者一個「道德的理想」，——想要把自己的本性推入任何一種目的，這是荒謬的。我們發明了「目的」這個概念：現實中目的闕如……人是必然的、人是一段厄運、人屬於整體、人**身處**整體中，——不存在任何東西可以判決、衡量、比較和責難我們的存在，因爲這意味著判決、衡量、比較和責難整體……**不過除卻整體什麼也沒有**！沒人得再負責，存在的類型不再允許被歸諸於第一因，[35]世界既非知覺，也非作爲「精神」的一個統一體，**這才是偉大的解放**，——生成的**無辜**[36]這樣才能重建……「上帝」這個概念至今是針對此在[37]的最大**異議**……我們否認上帝，我們否認面對上帝的責任：**借此**我們才能拯救世界。——

[97]

【注釋】

1 在一開始的時候，「四種大謬誤」只有三種，ßß1-2實際上是在最後被加到提供給印刷商的複本中，它在其中的標題是「三種大謬誤」（Dm）。ß3的第一版存於W II 6, 104-105，「哲學」欄目之下，作爲一篇獨立的文本，即使在Mp XVI 4的複本中也是如此，在其中，這個段落在這章的撰寫過程有了一個標題。ßß4-6的第一版存於W II 7, 38, 39, 36：它們在其中是作爲《權力意志》的一部所作的提綱，而根據同一份手稿的p.34上的一個計畫，它構成了構思《偶像的黃昏》之前的最後幾個計畫之一（因而，也就是在尼采已經放棄出版《權力意志》之前）。「謬誤—眞理」之間的對立構成了這個計畫的主要特徵；以下就是四部的標題：「（一）謬誤的心理學／（二）虛假的價値／（三）眞理的標準／（四）眞僞價値之間的鬥爭。這個計畫接近於p.37上的提綱：「謬誤的心理學／（一）因與果的混淆／（二）眞理與人們信以爲眞的東西產生的效果之間的混淆／（三）意識和因果性之間的混淆。」這個提綱的第（一）點在CI的這章的ßß1-2中得以展開；第（二）點在ß6中、第（三）點在ßß3-5中展開。如此，這章的ßß1-6就包含了所有尼采想要在上述計畫的第I部（「謬誤的心理學」）中進行表述的思想，在這個計畫中，尼采已經爲三十五到三十七頁上的四章做好準備，一部（livre）就對應於一章。至於第I部的構成，除了和三十七頁上的提綱中的三點一致的三個章節的標題，我們還發現了一個第四章的標題：「邏輯與現實原則之間的混淆」。在那裡，我們沒有發現對於這個被放棄的計畫的章節的展開，不過，尼采從另一個完全不同的上下文抽取出這裡的ßß7&8：

指的是筆記本W II 6, 94-95, 92-93之上的一篇更長的文本。他把它在另一頁上重謄了一遍，以爲「自由意志之謬」之用，這頁完整無損地存於筆記本W II 3（p.129）中，而這個筆記本在一八八七—一八八八年冬季的

課程中已經被使用。被稱作《權力意志》一書的編者從被尼采刪改的草稿中編成了一段「格言」（n°765）。——法文G版注

2 原因和結果：早在古代，赫拉克利特和德謨克利特就斷定所有發生的事件，都具有原因的條件。一種自然科學的、客觀的因果概念由培根（Bacon, 1561-1626）、伽利略（Galilei, 1564-1642）和克卜勒（Kepler, 1571-1630）發展出。英國經驗主義者，特別是休謨（Hume, 1711-1776），提出一種主觀主義的理論。根據這個理論，因果關係的基礎是聯想、期待和習慣。在康德那裡，因果關係是一種知性範疇，並且以其時間和空間的直觀形式，是認識的條件之一。叔本華把因果關係分成三種形式：原因、刺激和動機。——Pütz版注

3 柯爾納羅（Lodovico Cornaro, 1467-1566）：威尼斯的古羅馬貴族和藝術體育贊助者。曾著書《論有節制的生活》（*Discorsi della vita sobria*, 1558）。森巴赫（Paul Sembach）的德語譯本書名是《達到一個健康之高齡的藝術》（柏林，無出版年月）。——Pütz版注

4 請相信專家（Crede experto）：出自西利烏斯·伊塔利庫斯（Silius Italicus，一〇一年去世，羅馬史詩人和執政官）描寫第二次布匿戰爭的《布匿戰記》（VII, 395）。——Pütz版注

5 原罪：保羅首先從人類祖先面對上帝之禁令的違法行爲中（I.摩西2和3）引出所有後世之人的原罪，用上帝在歷史結束時的拯救，來對抗自亞當起歷史開始時人類的厄運（I.哥林多15，21；羅馬書12，21）。——Pütz版注

6 參見CW1：「美好的事物皆輕盈。所有那些神聖者都以一種纖巧的步履前行。」——法文G版注

7 Mp XVI 4中前後相繼的標題：「一種虛假的原因」；「論精神性原因（作爲原因的意志）的謬誤」；最後，「作爲原因的精神的理論」。——法文G版注

8 動機：一次行動的動因。在叔本華那裡，尼采這裡引述的就是叔本華的動機概念，除了「原因」和「刺激」，動機是因果關係的第三種形式，是行動著的人的有意識的目標想像（《充分根據律的四重根》，§20）。在《道德的譜系》（一八八七）中，尼采第一次確定這個權力追求，這個「權力意志」，是人基本的生命動機。——Pütz版注

9 經驗（Empirie）：意識從現實中領會到的一切。在哲學中是關於所有非概念性知識的基礎。康德在《純粹理性批判》（一七八一）中把它作爲問題提出，對它作了更準確的定義。對他來說，經驗是知性的第一產物和認識的基礎。——Pütz版注

10 寓言：這裡在「虛構的、幻想的敘述」的意義中使用。——Pütz版注

11 精靈世界：譬喻式的術語。叔本華曾就概念的統治使用它（《作爲意志和表象的世界》，第二卷，§16）。——Pütz版注

12 存在（Sein）：尼采此處在一個具有支配性意義的理解中使用這個概念。這個理解對現實的存在，即物的世界的已經存在，和觀念、概念——比如自在之物——之理想的又無法體知的存在，不作區分。就是存在作爲一切存在者之整體，作爲世界整體之最普遍的規定，其最具概括性的意義，也在尼采關於存在的概念中顯露出。尼采在這段話中，批評超驗的唯心論，它把現實的和理想的事物確定爲主體想像力的產物。——Pütz版注

13 根據他的樣子：影射創世故事：「他根據他的形象造他們。」——Pütz版注

14 「自在之物」：出自康德主要著作《純粹理性批判》（一七八一）的術語。根據這個術語，物體被設想爲獨立於主體的認識條件（時空和知性範疇的直觀形式），所以無法認識。對立面：我們的認識可以達到的物。

——Pütz版注

15 形而上學家：「形而上學」最早是亞里斯多德一篇論著的題目，然後獨立爲概念，從新柏拉圖主義者以來指稱哲學的基礎科學，探究超越經驗上可感知的世界的合法關聯。形而上學是關於存在的終極原因、它的本質和意義的學說。基督教以柏拉圖爲根據，推行一種二元論的形而上學，它在此岸和彼岸、在感性的此在和眞實的存在之間，借助康德，在現象和自在之物之間進行區別。尼采在此反對思辨和唯心的哲學傾向。這種哲學意圖從純粹理性出發，認識人、世界和上帝，或者這個「眞實的存在」。——Pütz版注

16 「混淆爲作爲存在的現實，混淆爲存在」（Mp XVI 4）。——法文G版注

17 更正自：「世界的評判者」（Mp XVI 4）。——法文G版注

18 我們在Mp XVI 4和W II 6, 105中發現了接下去的結論，但後來被尼采刪掉：「廢除精神性的『原因』的概念！在經驗中，我們絕不會碰到這種類型的原因。還有必要去證明它一無所用嗎？還有必要去證明：事實上科學已經不再使用這個概念了嗎？我們有的只是這個詞，然而它沒有意義，就像是一個膨脹的氣球，喪失了所有以往的內涵：它向我們揭示的是某種完全不同的事物。例如，在『原因』和『結果』之間的方程式（equations）——causa aequat effectum。」——法文G版注

19 改自「理論」（W II 7, 38）。關於在本段中所闡發的主題，參見HTH13。——法文G版注

20 「然而它最終作爲被理解的、『被解釋的』而被體驗到——：它被納入一種因果關係，它的發生就是爲了被解釋……」（W II 7, 38）。——法文G版注

21 交感神經系統（nervus sympathicus）：植物性神經系統的一部分，在很大程度上獨立、不依賴於意識地工

作，作用於內部。——Pütz版注

22 關於§6，尼采幾乎是逐字逐句地轉錄了W II 7的一個提綱，僅在括弧中添加了些許評述。由此頁就形成本段（以及CI中眾多其他段落）所帶有的未經加工的、提綱式的特徵。——法文G版注

23 整個段落所使用的術語（Allgemeingefühle，逐字譯作「一般感情」〔sentiments généraux〕），是非常不準確的。為了準確，應該把它譯作感覺（sensations，肉體上的舒適或睡夢中的一般體感印象的例子），或者譯作感情（sentiments，罪、良知等等）。事實上，它在這裡涵蓋了所有的「情感」（l'affect），即所有那些多多少少有意識地被體驗到的東西。這裡所提出的翻譯使得它能夠涵蓋原來的詞全部的語義範圍，帶有著同樣的含混性，但它無法預料到這個問題：即從它在心理學的現代詞彙中所具有的含義出發，來對它進行嚴格的理解（N. D. T）。——法文G版注

24 歇斯底里作為女巫：中世紀的女巫信仰，其根源在日爾曼、古代和東方關於不幸和傷害的想像。在十四和十七世紀之間，這種信仰上升為女巫狂熱。教會和基督教神學，特別是阿奎那（ThomasvonAquin，約一二二五—一二七四），為了征服異教迷信的殘餘，而推動女巫信仰。一四八四年，教皇英諾森八世為了推動對女巫的迫害，頒布通諭*Summis desiderantes a ffectibus*。女巫迫害的犧牲者，常常是那些舉止引人注目的，「歇斯底里」的婦女。——Pütz版注

25 「每種〔……〕光顧我們」：參見《作為意志和表象的世界》，II，4，§46（《論生命的虛無和痛苦》）。——Pütz版注

26 帕斯卡（Blaise Pascal, 1623-1662）：法國宗教哲學家、數學家和物理學家。他發展了「帕斯卡六邊形」定

律、發現了連通管原理、高度和逐漸減低的氣壓之間的關係、研究了概率計算問題。作爲宗教思想家他接近詹孫教派信徒，反對自然科學的理性主義。他以「心靈的邏輯」，把「心靈」定義爲宗教判斷力的、如同超驗之直接體知的眞正的和最高級的器官。主要著作：《宗教思想錄》（一六五八）。尼采暗指帕斯卡的禁欲主義生活態度和他面對自然科學之理性的悲觀主義。——Pütz版注

27 信、望、愛：在《聖經．帖撒羅尼迦前書》1, 3和5, 8中出現的話。——Pütz版注

28 W II 7, 37上：「一項事業的令人滿意的結果並不能使一個憂鬱症患者滿意，而一次沉重的損失也不能令金匠切利尼（Benvenuto Cellini）那蓬勃的喜悅失色。」——法文G版注

29 初稿：「意志的理論從本質上來說是一種關於進行報復的權利的理論。『上帝想要懲罰』；在古代社會這意味著，作爲統治階級僧侶想要擁有進行懲罰的權利。」——法文G版注

30 「道德的世界秩序」：一個由善惡之定義預先規定的理想世界。具有自由決定權的人，必須透過道德的行動適應這個世界。——Pütz版注

31 改自：「復仇的形而上學」（Dm）。——法文G版注

32 被柏拉圖傳授過：根據柏拉圖，有著兩種原因的類型，作爲認識和存在者的實存之條件的必要性，作爲存在和善存之原因的神性。透過讓善作爲幸福被人認識，神性將人引入正確選擇的自由（《蒂邁歐篇》, 68, e）。——Pütz版注

33 宿命：厄運，不幸。宿命論，相信一種不可改變的命運，是尼采關於同樣事物永恆輪回之學說的一個本質因素。他在《查拉圖斯特拉如是說》（一八八三/八五）中論述了這個學說。——Pütz版注

34 目的：在哲學意義中「目的」是設想的和追求的效果，是最終原因（causa finalis）。設定一個目的，其前提是，假設一個由因果關係決定的可預料的自然事件，以及對這個關聯的最後干涉的可能。對決定論和唯物論來說，制約目的的行動是不可想像的。——Pütz版注

35 第一因（causa prima）：按照字面意思，第一原因。指的是哲學中，特別在經院哲學中，大多把上帝作爲第一推動者，與把創造物作爲第二因相對。——Pütz版注

36 生成的無辜：自前蘇格拉底哲學家起，就有了對於存在（巴門德尼）和生成（赫拉克利特）的區分。根據柏拉圖的觀念理論（尤其在《斐多篇》、《政治篇》、《巴門尼德篇》中），只有理念，作爲單個事物那總是同樣的本質，具有存在。物質被視爲不是眞正的存在者，因爲它爲生成所決定，也就是說，無法被思維把握，受制於永恆的變化。對尼采來說，「生成的無辜」是對値得追求的未來哲學的概括。——Pütz版注

37 此在：由萊布尼茨（Gottfried Wilhelm Leipniz, 1646-1716）和沃爾夫（Christian Wolff, 1679-1754）首先使用的概念，意指經驗上的存有（existentia），區別於得有（Sosein）。在與存在和生成之本體論定義的關係中，此在彷彿具有起中介作用的中間地位。

人類的「改善者」

1

一

[98] 大家知道我對哲學家的要求，即站到**善惡的彼岸**，[2]**超越**道德判斷的錯覺。這個要求出自一種由我首次表達的洞見[3]：**根本就不存在道德事實**。道德判斷與宗教判斷有一個共同點，即它相信不是現實的現實。道德只是對某些現象的解說，確切地說是一項**誤**說。與宗教判斷一樣，道德判斷隸屬無知的一個階段。而在這個階段，甚至那現實的概念，對現實和幻覺的區分，尚告闕如。所以在這樣一個階段上的「眞理」，它描述的純粹是我們今天稱爲「想像」的東西。就此說來，道德判斷始終無法被認眞對待：作爲這樣的判斷，它一直僅包含荒謬。不過，作爲**符號學**[4]它價值不凡；至少對知情者，它坦露出文化和內心世界的最具價值的現實情況，但它們不夠**明白**，無法「理解」自身。道德只是符號話語，只是症狀學[5]：大家應該已經知道，要想從中獲益，問題**何在**。

二[6]

[99] 暫且舉第一個例子。在所有時代，大家都想「改善」人，這首先就叫道德。不過，在這同一個詞的下面，卻隱藏著最最不同的傾向。不僅對人這個野獸的**馴化**，而且對人的

某個種類的**培育**，都叫「改善」。正是這些動物學的術語表達了現實——當然，是那個典型的「改善者」，那個教士對此一無所知——**寧願**一無所知的現實……把對一頭動物的馴化稱作對它的「改善」，就我們聽來簡直是開玩笑。知道動物園裡發生什麼事的人，會懷疑野獸真會得到「改善」。它會被弄得虛弱，不再那麼有害，由於恐懼的沮喪情緒、疼痛、傷口、饑餓，變成**病懨懨**的野獸。教士「改善」的、被馴服之人的情況別無二致。在中世紀早期，在教會實際上主要是一個動物園的時候，人們到處獵取「金髮野獸」[7]的最美麗的標本，——人們比如「改善」了高貴的日爾曼人。可是，這樣一個被引誘到修道院裡的日爾曼人，那個「被改善者」，日後看上去情況如何？如同一張人的漫畫、如同一個怪胎。他成了「罪人」，他蹲在籠子裡，被囚禁在許多十分可怕的概念中間……他躺在那裡，身心交病，憎惡自身；充滿對生命之生機的仇恨，充滿對一切健壯和幸福之人的猜忌。簡而言之，一個「基督徒」……用生理學的話說：在與野獸的搏鬥中，使之生病是削弱它的唯一手段。教會懂得這點：它**敗壞**人，它使之虛弱，但它自稱「改善了」人……

三

讓我們看所謂道德的另一個情況，某個種族和種類的培育情況。對此最了不起的例

[100]

子是印度道德，作爲《摩奴法典》[8]被認可爲宗教。在此設定的使命是，同時培育不少於四個種姓：僧侶的、武士的、農商的，最後是僕役的種姓，即首陀羅。[9]在這裡，我們顯然不再身處馴獸人之中：前提是有百倍地溫柔和理智的人種，才能制定出這樣一種培育計畫。從基督教的病房和牢獄氛圍中走出，進入這樣的更爲健康、更高尚、**更廣袤**的世界，人們會大舒一口氣。與《摩奴法典》相比，《新約》是多麼的可憐、氣味是多麼的難聞！不過，就是這個組織也有必要是**可怕的**，這次不是在與野獸的搏鬥中，而是在與**它的**對立概念、與非道德的人、與雜種人、與賤民[10]的搏鬥中。而且，除了使他**得病**，它沒有其他任何辦法，讓他變得無害，讓他變得軟弱，——那是與「多數」的搏鬥。也許沒有比**這種**印度道德的保護條例更違背我們感情的東西了。比如第三條「關於不潔的蔬菜」的諭令（Avadana-Sastra I）規定，賤民允許吃的唯一食物是大蒜和洋蔥，與此相關，神聖的經文禁止給他們穀物或者攜帶種子的水果、或者**水**、或者火。同樣的諭令規定，他們需要的水，不能從河裡、也不能從泉眼裡、更不能從池塘中汲取，而只能從沼澤入口，從由牲口踩踏而成的坑穴中獲得。同時他們被禁止洗衣服和洗澡，因爲恩賜給他們的水，只能用於解渴。最後有一個禁令，不讓首陀羅婦女幫助賤民婦女分娩，同時也禁止賤民婦女，**此時互相幫助**……[11]這樣一種衛生員警不無成效：要命的瘟疫、可憎的性病，接著還有「刀法」，規定對男孩施行割禮，對女孩切除小陰唇。摩奴自己說：「賤民是通姦、亂倫和犯罪的產物（這是培育概念的必然後果）。」他們只配以屍布爲衣裳、以破罐爲餐具、以鏽鐵爲飾物、以惡精靈爲禮拜對象；他們該毫無安寧地四處流浪。他們不允許從左到右寫字——使用右手和從左到右寫字的權利，僅爲**有德行者**和有**種姓**者所有。[12]

四[13]

這些規定有足夠的教益：我們在其中有機會看到**雅利安的**人道，[14]十足地純粹、十足地天然，——我們懂得了，「純粹血統」的概念是一種無害概念的對立面。另外事情也變得清楚，仇恨、賤民針對這種「人道」的仇恨，在**哪個**民族中得以永存，化爲宗教、成爲**天才**……以這個觀點看，《福音書》是第一等級的一份檔；《以諾書》[15]更是如此。——基督教源自猶太根基，只有作爲這片土壤的植物才可理解，體現了對於培育、種族、特權等任何道德的**反動**。這是出色的**反雅利安的**宗教：基督教是對所有雅利安價值的重估、是賤民的勝利、是向窮人和低賤者傳播的福音、是一切被踐踏者、不幸者、失敗者、被遺棄者針對「種族」的總暴動，是**作爲愛的宗教**的永恆的、賤民復仇……

五

培育的道德和**馴化**的道德，它們在貫徹自身的手段上，彼此完全相稱。我們可以確定這樣的最高命題，爲了創造道德，人們必須具有追求其對立面的絕對意志。我探究時間最長、意義重大和**叫人害怕的**問題是：人類「改善者」的心理學。一個小小的、本質上不起眼的事實，是所謂的虔誠的欺騙，[16]是它提供了理解這個問題的第一個管道給我：虔誠的欺騙，是所有「改善」人類的哲學家和教士的遺產。無論是摩奴、柏拉圖、孔子，[17]還是猶太和基督教的老師，都從不懷疑他們說謊的**權利**。他們從不懷疑**其他所有的權利**……用概括的話語，人們也許能說：迄今被用來使人類變得道德的**所有**手段，究其根源，是**非道德的**。——

【注釋】

1 這章同樣取自爲《權力意志》這個放棄的計畫而彙集的材料，尤其是第二部（《價值的起源》）的第三章（「好人與改善者」），根據日期爲一八八八年八月二十六日的最後的提綱。同樣的觀念也可以在一八八七—一八八八年冬的筆記中找到，在「德性是如何獲勝的」的標題之下：這也是第二部中的第二章的標題，根據一八八八年初的提綱（參見VIII 12〔2〕）。一八八八年春，在其中又增加了對《摩奴法典》的解

讀。一八八八年複本中的標題：「道德之下」，最終改自：「『改善』人類！」（Mp XVI 4）。——法文G版注

2 善惡的彼岸：尼采暗指他的同名論著（一八八六）。他在文中強調，世界既非善，也非惡，而是原初的「生命」。——Pütz版注

3 尤其參見GM。——法文G版注

4 符號學：這裡在醫學的意義中，作爲病象理論使用；通常地說：符號的理論。——Pütz版注

5 症狀學：關於症狀的醫學理論。它與全部臨床檢查方法一起，組成醫生診斷的基礎。——Pütz版注

6 我們在W II 6, 72找到了這章的一份草稿：「爲了對道德形成一個恰當的觀念，必須引入兩個從動物學所借用的觀念：對野蠻人的馴化，以及對某個種族的〔選擇性的〕培育。一直以來，教上都試圖想要『改善』人……然而，當一個馴化者試圖談論他的那些『被改善了的』野獸時，我們這些另外的人就笑了。在絕大多數的情形中，對於野蠻人的馴化所帶來的只是毀了他們：同樣，有道德的人也並非一個更好的人，而只是一個變得衰弱之人。然而，這是較少危險的……」《權力意志》的編者把它編成格言397。——法文G版注

7 「金髮野獸」：出自尼采自著《道德的譜系》（一八八七）的引文。第一章，第十一節。——Pütz版注

8 《摩奴法典》：在印度婆羅門教中，摩奴是人類的始祖和立法者。他是梵天的「自己生成」的兒子。這個十三名受期待的摩奴中的第一個摩奴，被視爲《摩奴法典》的作者。而這部法典被看作婆羅門法律和道德的最完美的體現。這部書建立在較古老的法律起源上，其歷史的形成時間被確定爲從西元前二世紀到西元二世紀之間。這些關於靈魂轉世的宗教的律令和規定，被記錄在十二卷中。尼采這裡的摘引和以下的引文，出自

雅各利奧（Louis Jacolliot）的《宗教立法者。摩奴—摩西—默罕默德》，巴黎，一八七六。——Pütz版注

尼采從一部法文的譯本中了解它的，即雅各利奧的《宗教立法者，摩奴—摩西—穆罕默德》，巴黎，一八七六（BN）。在一八八八年五月三十一日寫給Peter Gast的信中，尼采談到了這個解讀：「最近幾周，我應感激一個偉大的教誨：我在一本法文譯本中找到了摩奴法典，它是在印度最偉大的僧侶和學者的監督之下完成的。這個純雅利安人的產物、司祭的道德法典，奠基於吠陀之上，後者是種姓的體系與一個極爲古老的傳統，不是悲觀的，儘管始終都是和司祭密切相關的，它令人驚訝地使得我對於宗教的觀念得以完整。我坦承我的感受：我們爲了締造偉大的道德法則而從他處所借用的那些素材，看起來僅僅是一些模仿和歪曲。首先就是埃及主義（l'égypticisme）。然而，在我看來，在一些本質之點上，已經充分吸取了婆羅門的教誨。猶太人在我看來無非就是一個賤民（tchadala）的種族，他們從主人那裡學到了一個教士得以確立其權力並管理一個民族的那些原則……中國人看起來同樣在這個經典的、異常古老的法典的影響之下而造就出了他們的孔子和老子。中世紀的社會組織看起來就像是一個驚人的、而又猶豫的嘗試，試圖再度找到那些觀念，在其上曾建立起這個異常古老的印度—雅利安社會，但卻帶有了那些悲觀的價值，它們是在極端頹廢的土壤之上誕生的。同樣是在這裡，在我看來，猶太人無非只是一些『居間者』，他們什麼也沒創造。」——法文G版注

9 首陀羅（Sudras或Schudras）：亞利安印度人四個社會等級中最低一級的成員。首陀羅還分成許多下屬等級，受到一些社會的制約。——Pütz版注

10 賤民（Tschandala或Tschandal）：在本加倫（Bengalen）和阿薩姆（Assam）的最底層、現在幾乎已經滅絕的印度種姓的成員，非雅利安人的，部分地是穆斯林；原先指一個首陀羅男人和一個婆羅門女人的後裔，但現

在是劊子手、掘墓人和其他所謂不潔行業的代表。——Pütz版注

11 參見雅各利奧上引著作，pp. 105 sqq。——法文G版注

12 同前，pp. 102 sqq。——法文G版注

13 關於尼采對於「雅利安人」（aryen）這個詞的用法，參見下面他寫給反猶主義者Theodor Fritsch（1852-1933）的信，後者是Anisemitische Correspondenz的主要領導者和撰稿人，Bernard Forster和Elisabeth Foster Nietzsche的好友，臭名昭著的《猶太人問題手冊》（*Hanbuch der Judenfrage*）的作者，也是納粹的同道。一八八七年三月二十九日，在寄出*Anisemitische Correspondenz*時，尼采回覆了這些話：「請您相信我，那些令人厭煩的愛好者在談論人類和種族的價值時所具有的可怕的瘋狂，他們拜倒在那些『權威』（比如，E. Duhring, R. Wagner, Ebrard, Wahrmund, P. de Lagarde——他在這些人之中是最不正義、最沒道理的）。稍爲莊重些的人都會輕蔑地將他們趕走——面前的這種姿態，對於和『日爾曼人的』、『閃米特人的』、『雅利安人』、『基督徒』、『德國人』這些詞同樣含混的觀念的持續而荒唐的篡改和要弄，所有這些久而久之會讓我眞的感到氣惱，並使我放棄那種帶反諷性的友善，直至今日，我們都是帶著此種友善來觀察當今德國的那些道德高尚的空想和法利賽人的特性。最後，當那些反猶主義者說出查拉圖斯特拉的名字的時候，您認爲我會有何感受呢？」——法文G版注

14 雅利安的人道：尼采引證的印度人，就他看來，與米堤亞人、波斯人、希臘人、羅馬人和日爾曼人並列，屬於雅利安人。——Pütz版注

關於尼采「雅利安」的話，請參見尼采給反猶太主義者特奧多爾．弗里奇（Theodor Fritsch）的信。他是《反

猶太主義通訊》的主編，伯恩哈特．弗爾斯特（Bernhard Förster）和伊莉莎白．弗爾斯特－尼采（Elisabeth Bernhard Förster-Nietsche）的朋友，以及《猶太人問題手冊》（一九二三）的作者和國家社會主義的追隨者：「……請您相信我，這種令人厭惡的、無聊的半瓶醋們關於人和種族之價值的插話意願，這種對於『權威』的臣服，將會遭到每個深思熟慮的英才帶著冷靜的蔑視拒絕（比如E. Dühring, R. Wagner, Ebrard, Wahrmund, P. de Lagarde——他們之中誰在道德和歷史問題上最沒有資格的和最沒有權利？），這類對『日爾曼的』、『閃米特人的』、『雅利安的』、『基督教的』和『德意志的』等模糊概念的不停的和荒謬的篡改及處理——長此以往，這一切眞會將我激怒和讓我丟棄那譏諷的善意，而到現在爲止我正是帶著這種善意旁觀了當下德國人規規距距的優柔寡斷和假仁假義。——最後，您以爲我會有什麼感覺，倘若查拉圖斯特拉這個名字被反猶太主義者從嘴裡說出？……」——KSA版注

15 《以諾書》：尼采這裡指的大概是三或四世紀產生的、所謂第三部或者希伯萊的《以諾書》，總共三部《以諾書》中的最新的一部；除此之外，還有一部衣索比亞的和一部斯拉夫的《以諾書》。以諾被視爲聖經的祖先中的一個，爲亞當的第七代後裔和「知識的奇蹟」（耶穌．西拉赫，44, 16）。據說他在一部內容廣泛的祕密文獻裡記錄下這個知識的奇蹟。——Pütz版注

尼采在W II 3, 8之中重謄了這段引自勒南（Renan）的話（《耶穌傳》，巴黎，1863，p. 181）：「《以諾書》要比《福音書》包含著更爲猛烈的對於塵世、對於有錢有勢者的詛咒」（參見VIII 11〔405〕）。——法文G版注

16 虔誠的欺騙（pia fraus）：根據奧維德（Ovid）的《變形記》9, 711。——Pütz版注

17孔子：原名爲孔夫子（前五五一—約四七九），中國哲學家。孔子不是宗教創始人，他彙集了古代中國的「五經」，對它們作注，並且使之流傳。他的道德學說建立在宗教的觀念中，即正確的行爲能夠與永恆的世界秩序、與天道取得和諧。處於同自然協調中的德行是智、仁、信、禮、義。孔子學說在西元前一世紀經歷了第一個繁榮期。自一五三〇年起，出於宗教的原因，孔子受到國家的尊崇。——Pütz版注

德國人失去了什麼

1

一

[103] 今天的德國人，享有精神，已經不夠，還必須把它據爲己有，並且**放肆地使用**精神[2]……也許我了解德國人，也許我自己可以告訴他們一些眞相。新德國[3]表現出大量遺傳和習得的才幹，以至於它能長時間地、甚至揮霍地使用那積聚起來的力量財富。這不是一種依靠這種財富成了統治者的高級文化，更不是一種講究的鑑賞力、一種高貴的「本能」之美；但較之於歐洲其他任何一個國家能顯示的，那是更**男子氣概**的德行。許多卓越的勇氣和對自身的尊重，交往和互盡義務中的許多自信、許多勤奮、許多毅力，以及一種遺傳的節制，而它與其說需要制動鐵鞋，不如說需要芒刺。我補充一句，這裡還提倡服從，不過這種服從不使人屈辱……沒人蔑視他的對手……大家看到，對德國人公正，這是我的願望。在這點上我不想對自己不誠實，所以我也必須對他們提出異議。獲取權力，得付出高昂的代價：權力**使人愚蠢**……德國人，以前有人稱他們爲思想家的民族[4]。他們今天眞的
[104] 還思想嗎？——德國人現在厭倦了精神、不信任精神，政治吞噬了對於眞正精神事物的所有嚴肅——「德國，德國高於一切」[5]，我擔心，這已是德國哲學的終結……「德國有哲學家嗎？德國有詩人嗎？德國有**好**書嗎？」在國外有人這麼問我。我面紅耳赤，但帶著就是在絕望中也擁有的勇氣回答：「有，**俾斯麥**[6]！」能允許我承認，今天人們在讀什麼書

嗎？[7]……該死的平庸本能！——

二

誰不曾憂傷地思考過，德國精神能是什麼！可是，幾乎近千年來，這個民族任意讓自己變得愚蠢。沒有一個地方像在這裡一樣，歐洲的兩大麻醉劑：酒精[8]和基督教，如此墮落地被濫用。近來甚至有第三樣東西加入，單憑它，精神那所有精妙果敢的靈活性能被扼殺，那就是音樂，我們那受梗阻的和產生梗阻效應的德國音樂。[9]——在德國的智力中，有多少令人沮喪的沉重、疲塌、潮溼、睡衣和多少**啤酒**！那些青年男子，把他們的此在獻給最富精神的目標，怎麼可能在自己身上感受不到**精神性的第一本能**、**精神的自我保存本能**——而去啜飲啤酒？……博學青年的酒癖也許還不是對他們的博學的問號——甚至缺少精神，一個人也能是個大學者——，不過在任何別的方面他依舊是個問題。——這種啤酒在精神中造成的慢性的墮落，在哪裡發現不了它！我曾經[10]在一個幾乎已經出名的事件裡，指出了這樣一種墮落——我們德國的第一個無神論者，那個**聰明的**大衛．斯特勞斯[11]的墮落，他成了啤酒店福音和「新信仰」的作者……對「嫵媚的褐色美人」以詩句發誓[12]——忠誠至死……

三

我曾談論德國精神。說它變得更加粗鄙、變得淺薄。這麼說足夠了嗎？——實際上讓我感到駭然的，完全是別的東西，在精神事物中，德國的嚴肅、德國的深沉、德國的**熱情**，都每況愈下。不僅知性，而且激情也有變化。——我不時地[13]接觸到德國的大學，學者中盛行的是怎樣的風氣，精神性已經變得何等的荒蕪、何等的自滿和冷淡！倘若這裡有人以德國的科學作爲理由來反駁我，那是一個深深的誤解——此外還是一個證據，即他沒有讀過我的一個字。十七年來[14]我孜孜不倦地揭露我們時下科學活動的**非精神化**影響。今天，科學那巨大的勢力，判處每位個人接受嚴酷的希洛人制。[15]而具有完滿、豐富、**深沉**之天性者，不再能找到適合於他們的教育**和教育者**，其原因就是這種奴隸制。我們的文化遭受的苦難，**莫過於**自負的遊手好閒者和零碎不全的人性論的氾濫；我們的大學，**違逆**意願地是這類讓精神之本能變得枯萎的眞正溫室。整個歐洲已經對此有所了解——大政治騙不了任何人……德國愈來愈被視爲歐洲的**平淡乏味之地**。[16]我仍在**尋找**一個我能以我的方式嚴肅對待的德國人，更在尋找一個與之相處我可以快活的德國人！**偶像的黃昏**。哦，今天誰能領會，這裡的一個隱士從**怎樣**一**種嚴肅中**得到恢復！在我們身上，快活[17]是最難理解的東西……

四

粗略估算一下：德國文化的沒落不但顯而易見，而且對此也不乏充分根據。[18]歸根究柢，任何人的付出不能多於他的擁有——個人如此，民族亦同。有人爲權力、大政治、經濟、世界交往、議會制、軍事利益付出自己的精力，——有人在這方面給出一定量的知性、嚴肅、意志、自我克制，即他自身，那麼在另一方面他就缺少這樣的量。文化和國家[19]，在這點上人們不自欺——是敵對者。「文化－國家」僅僅是個現代觀念。一方以另一方爲生，一方靠另一方的支出生長。所有文化的偉大時代是政治的沒落時代，文化意義上的偉大是非政治的，甚至是**反政治的**。——歌德因爲拿破崙現象而心靈洞開，——而對於「自由戰爭」他又心靈**關閉**[20]……就在德國作爲強國崛起時，法國獲得了作爲**文化大國**的一種變化了的重要性。今天，許多新的嚴肅，許多新的精神**激情**遷移去了法國；比如悲觀主義問題、華格納問題，[21]幾乎所有的心理學和藝術問題，較之在德國，都在那裡得到不可比擬地更精微和更透徹的思考，德國人自己**無法勝任**這種類型的嚴肅。在歐洲文化史上，「帝國」的興起主要意味著一點：**重心的轉移**。人們已經都知道，在主要事情上，這始終是文化——德國人已經不在考慮之內。[22]有人問：你們能夠爲歐洲哪怕只提供一個**算得上**的思想家嗎？就像你們的歌德、你們的黑格爾[23]、你們的海因里希·海涅[24]、你們的叔本華可以算得上的人那樣？——甚至不再有唯一的一個德國哲學家，而這讓人無比驚訝。[25]

五

在德國，整個高等教育事業已經失去了最重要的東西：**目的**以及達到目的的**手段**。教育、**教養**是目的自身，而**不是**「帝國」，爲了這個目的需要**教育家**——不是文理中學教師和大學學者，但人們忘了這點……急需那種**自我培育而成的**教育家，[26]深思熟慮的、高貴的思想家，他們時刻透過言語和沉默，表現出成熟的、**甜美的**文化，——**不是**文理中學和大學今天作爲「高級保姆」[27]展示給青年人的博學的粗漢。缺少教育家，除了例外中的例外，這個教育的**首要**前提：因此有了德國文化的沒落。——最最稀罕的例外之一，是我在巴塞爾的値得尊敬的朋友雅各·布克哈特[28]：巴塞爾在人性方面的優先地位首先要歸功於他。——德國「高等學校」事實上做到的，是一種殘忍的訓練，爲了以最少量的時間支出，讓大批青年男子能被使用，能**被利用**於服務國家。「高等教育」和大批——這從一開始就互相抵觸。每一種高等的教育僅屬特殊：一個人必須特權化，才能享有這樣一種高級的特權。所有偉大的，所有美好的事物，從來不是公共財產：美屬於少數人。[29]——什麼**決定了**德國文化的沒落？「高等的教育」不再擁有**優先權**——「普及的」、**平庸化**的「教育」的民主主義[30]……不能忘記的是，軍事的特權[31]死板地強求高等學校的**過高入學率**，這意味著這些學校的沒落。——在今日德國，無人再具有給予他的孩子們一種高貴的教育的自由。我們的「高等的」學校，及其教師、教學計畫和教學目標，全部以最曖昧的平庸作爲準繩。到處盛行著一種不體面的匆忙，似乎一個三十三歲的年輕人倘若尚未「結束」，對於諸如「什麼職業」那樣的「主要問題」尚無答案，就是耽誤了什麼。——恕我直言，一種更高類型的人，不喜歡「職業」，正是因爲他懂得自己負有使命……他有時間、他不慌不忙，他根本不考慮「結束」，——在高級文化的含義上，三十歲的人是個初學者，是個孩子。——我們那些擁擠的文理中學，我們那些成堆的、被弄得愚笨不堪的文理中學教師，乃是一個醜聞。爲了替這樣的狀況辯護，就像新近海德堡的教授們做的那樣，人們也許有**因由**，——不過不存在這樣做的理由。

六

我的天性是**肯定的**，與異議和批評僅僅間接地、不情願地有關係。爲了不失去我的天性，我立刻提出三項任務，而人們需要教育者正是由於它們的緣故。一個人得學習**看**、一個人得學習**思考**、一個人得學習**說話**和**寫字**；三者的目標是一種高貴的文化。——學習

[108]

看——就是讓眼睛習慣於平靜、耐心，和讓事物接觸自己；學習不急於判斷，從各個角度觀察和理解單個事例。**第一項**走向精神性的先期培訓是：對一種刺激**不**立刻作出反應，而是把握那種延緩和隔離的本能。學習**看**，就我的理解，幾乎是非哲學的表達方式稱之爲堅強意志的東西；其本質恰恰不是「意願」，而是**能夠**推遲決定。一切非精神性、一切卑劣性，都基於無法抵抗一種刺激的無能——人們必得作出反應，人們順從每種衝動。[32]在許多情況下，這樣一種必得，已是病態、沒落、疲憊的徵兆，幾乎被非哲學的粗話稱之爲「罪惡」的一切，只是那種生理的無能，無法做到**不**反應。——學會看的一種應用：一個人作爲**學習者**完全會變得遲緩、多疑、勉強。他會帶著懷有敵意的平靜，暫且讓每種陌生和**新奇的**事物靠近自己，但他會對此縮手不顧。敞開一切大門，對每種瑣碎小事的恭順的卑躬屈膝，隨時準備就緒的縱身跳躍，對於他事和他物的全身心的**沉湎**。簡而言之，那著名的現代「客觀性」，是糟糕的鑑賞力、是典型的**不高貴**。——

七

學習**思考**：在我們的學校裡人們對此已不再懂得。即使在大學中，甚至在眞正的哲學學者之中，作爲理論、作爲實踐、作爲**手藝**的邏輯也開始滅絕。人們閱讀德國書籍：絲毫也無法回憶起，爲了思考需要一種技術、一項教學計畫、一個獲得技藝的意志，想學會思考，就得像想學會跳舞一樣，把它**當作**一種舞蹈……在德國人之中，誰還透過經驗認識精神中的**輕快步履**帶給所有肌肉的那種細微的戰慄！神態的僵硬呆板、動作的**粗魯遲鈍**，在很大程度上如此地德國式，以至於有人在國外竟然把它與德國人的天性混淆。德國人沒有感覺細微差別（nuances）的**手指**……儘管德國人也容忍了他們的哲學家，尤其是那個史無前例的、最最畸形的、概念的殘疾人——那個**偉大的**康德，這也絲毫不說明德國人的秀美。[33]——也就是說，人們不能把各種形式的舞蹈從**高貴的教育**中排除，得具備用腳、用概念、用語言跳舞的能力；我是否還得說，人們也該能用**筆**跳舞，——人們得學習**寫字**？——不過在這方面，恐怕將完全是德國讀者的一個謎…… [110]

【注釋】

1 關於這章的形成，參見與《前言》相關的p. 59的注解1。——法文G版注

2 被刪去的一句：「在法國人中間做一個德國人，這必須勇氣」（W II 3, 184；W II 7, 154）。——法文G版注

3 新德國：尼采指的是德意志帝國。一八七一年一月日在凡爾賽宮，隨著普魯士國王威廉一世被宣布爲德國皇帝，帝國成立。——Pütz版注

4 思想家的民族：對流行語序「詩人和思想家的民族」的縮寫。對德意志民族的這項指稱是逐漸形成的；首

次出現在穆索斯（Johann Karl August Musäus, 1735-1787）爲他《民間童話》（一七八二）所寫的預告裡：「〔……〕我們這個思想家、詩人，幻想者、先知的民族〔……〕。」以後出現在讓·保爾（Jean Paul）的筆下，不過沒有言及德國人。——Pütz版注

5 「德國，德國高於一切」：封·法勒斯雷本（Heinrich Hoffmann von Fallersleben, 1798-1874）《德國人之歌》（一八四一）中的首行詩。由海頓（Joseph Haydn）譜曲，一九二二年起成爲德意志帝國國歌（《德國國歌》），現在（用其第三段）也是聯邦德國國歌。——Pütz版注

6 俾斯麥（Otto von Bismark-Schönhausen, 1815-1898）：一八六五年伯爵，一八七一年侯爵，一八九〇年勞恩堡公爵；一八四七年和一八六二年間普魯士議員和外交家，一八六二年起任普魯士宰相和外交部長。對一八七一年帝國成立有重要貢獻。——Pütz版注

7 標注日期爲「Sils-Maris，一八八八年九月初」的《前言》的第一版包含了一段與這段非常接近的展開。我們在那裡讀到：「能允許我承認，現在人們在讀什麼書嗎？-Dahn-? Ebers-?（Conrad-）Ferdinand Meyer〔法文版注：在這三個人當中，只有C-F. Meryer（1825-1898）當時還在世，他和G. Keller一樣都是瑞士人。（N. D. T）〕？我聽說大學裡的教授們讚揚這種卑微的Bieder-Meyer〔法文本注：這個名稱在這裡會導致與style Biedermeier之間的文字遊戲，並使人聯想起普呂多姆（Prudhomme）或Bonhomet的觀念〕（N.D.T.）。——法文G版注

8 酒精：尼采對酒精消費的重複影射（《快樂的科學》，1, 42；《道德的譜系》，3, 21）必須聯繫到在工業化進程中形成的產業工人階層的不斷增長的酒癖，進行觀察。對博學青年的酒癖的影射，針對的是大學生社團

中氾濫成風的酒癖。在波恩學習期間，尼采認識了這樣的大學生社團。——Pütz版注

9 德國音樂：首先指的是華格納音樂（參見《華格納事件》和《尼采反華格納》）。——Pütz版注

10 曾經：在《不合時宜的沉思》第一篇：《大衛·斯特勞斯，信仰者和作家》（一八七三）中，尼采對斯特勞斯的《新舊信仰——一篇自白》（一八七二）進行了責難。——Pütz版注

11 大衛·斯特勞斯（David Friedrich Strauß, 1808-1874）：神學學習結束後在圖賓根教會學校當哲學教師。在處女作《耶穌傳，批判地觀察》（一八三五）出版後被解聘，以後在路德維希堡當中學教師和自由作家。對於「耶穌生平研究」的創立，他具有十分突出的意義。這是自啓蒙運動以來人們對歷史的拿撒勒的耶穌，就其生平所進行的科學批判研究。斯特勞斯以歷史資料考證的認識爲基礎，表明聖經描述的神話的、廣泛地受教義影響的特點。隨後他努力證實，把一種傳統宗教的內容簡單地轉變爲一種哲學的抽象是不可能的，最後嘗試填補由此產生的信仰空缺，途徑是提出一種自己的、違背傳統基督教傳說的哲學草案，確切地說在他的論著《新舊信仰。一篇自白》（一八五一）中。尼采在他《不合時宜的沉思》的第一篇裡，就是把它當作自己的批評對象。——Pütz版注

12 以詩句發誓：暗指斯特勞斯的《輓歌》（一八五一）；詩的最後兩行是：「只有死神／能把我與可愛的褐啤分離」。——Pütz版注

13 不時地：尼采於一八七九年辭去在巴塞爾的大學教職。他離開巴塞爾，在伯爾尼、蘇黎士和奧伯倫加丁逗留，去威尼斯、熱那亞、羅馬和墨西拿旅行。他與德國大學的聯繫，主要局限於閱讀大學的出版物。——Pütz版注

14 十七年來：在《不合時宜的沉思》第一篇：《大衛．斯特勞斯，信仰者和作家》（一八七三）中，尼采首次明確反對狹隘的知識庸人。這個針對一種純然機械的知識生產和再生產的批評，特別在《不合時宜的沉思》的第二篇裡（《歷史對於人生的利弊》，一八七四）繼續，即使以後也是他的迫切需要。——Pütz版注

15 希洛人制（Helotentum）：希洛人是被多利安人征服的希臘早期的原始居民，斯巴達國最低等的社會階層。他們是占統治地位的斯巴達人的奴隸，沒有人生自由。——Pütz版注

16 參見EH「爲什麼我寫出如此好書」，§2；NW《前言》。——法文G版注

17 快活：這個概念中帶有對於希臘的快活的想像。尼采在《悲劇的誕生》（一八七二）中指出這點。就席勒看來（《論人的審美教育》，一七九五），希臘的快活作爲阿波羅的天性，與關於世人和天神之間的矛盾的討論聯繫在一起。只有世人與天神經歷爭執後取得和解，才會導致快活。在希臘人那裡，快活把痛苦和絕望當作必要的前提。就席勒看來，喜劇中的人物，倘若他要獲得快活的境界，得先追求悲劇的境界。——黑格爾沒有在藝術中，而是在對於紛爭的哲學洞察中、在對這種紛爭的辯證的揚棄中，看到獲得快活的和解可能。——Pütz版注

18 充分根據：這個用法暗指由萊布尼茨和沃爾夫引入哲學的「充分根據律」：現存的一切，必須有一個爲什麼是的充分根據。以後主要是叔本華，在他的論著《充分根據律的四重根》（一八一三）中，討論了這個問題，並且反對康德對這個定律之效用的界定。康德只是在涉及「時空中所有事物作爲現象，但絕對不是自在之物本身」時，肯定其有效性（《論一種發現，據此所有新的純粹理性批判可以透過一種舊的讓它變成多餘》1790，C章，第一節，科學院版，二一一三頁）。——Pütz版注

19 文化和國家：在尼采時代，這個兩極在「文化鬥爭」中具有特別的現實性。當時，普魯士國家反對天主教的影響。俾斯麥透過法律措施，嘗試取得對教育事業的監管權和削減教會的自治權（總理條款、對教會的監管權、耶穌會士法）。——Pütz版注

20 歌德〔……〕心靈緊閉：主要在《編年史》（參見紀念作者誕辰版，30卷）中，一方面是歌德對拿破崙的敬仰，另一方面是他對德國解放戰爭的保留態度，得到清楚顯現。——Pütz版注

21 華格納問題：參見《華格納事件》和《尼采反華格納》。——Pütz版注

22 「文化和國家是敵對者，〔今天，國家意圖表達它自己的意見，甚至想解決文化的問題，——就好像國家並非僅僅是文化的一種手段、而且是一種非常次要的手段！要經歷多少個『德意志德國』才會偶爾碰上一個歌德？〕——文化的所有偉大時代是政治的沒落時代。〔從其本身來說，沒有問題〕。現在，〔國家〕帝國想要表達其意見，甚至想要解決文化的問題，就應該自問，並向它提出一個小問題：人們需要付出多少個『德意志帝國』才能換回一個歌德呢？在文化史中，『帝國』到目前爲止都是個禍害：自從德意志的精神明確放棄了『精神』之後，歐洲就變得貧乏了。我們在其中只看到一些外來的東西：德國人不要於此犯下錯誤！」（W II 6, 139-141）。——法文G版注

23 黑格爾（Georg Wilhelm Friedrich Hegel, 1770-1831）：尤其在《精神現象學》（一八〇七）中，發展了歐洲和西方哲學最重要和最有影響的系統之一。尼采對黑格爾有一種矛盾心理的關係：一方面他譏諷在一些陳舊人物頭腦裡占主導地位的黑格爾哲學，另一方面他又對他表示出不加掩飾的認可：「在有名的德國人中，也許無人比黑格爾更富有機智」，但他接著補充：「但他又有這麼大的德國人對於機智的恐懼，以至於這種恐

懼造成了他那奇特和糟糕的文體」（《朝霞》，第三部分，格言193）。——Pütz版注

24 海因里希・海涅（Heinrich Heine，原名Harry Heine, 1797-1856）：德國詩人，一八二五年從猶太教皈依基督教。一八三一年作爲《奧格斯堡總彙報》記者去巴黎。他的作家事業心，特別以德、法兩國間的溝通爲目標。他對德國政治和文化狀況的無情和尖刻的嘲諷式批評，致使德意志聯邦議會於一八三五年對他的作品頒發禁令。——Pütz版注

25 「不再有任何的德國哲學家，這眞是個最糟糕的結果。沒有什麼比把那些無知者的胡扯歸咎於德國人更爲不公正的了，像M. Eduard von Hartmann這樣『無意識的人』、以及柏林的反猶主義者杜林這個惡毒的和焦慮的惡棍，他們都篡取了哲學家的名號，——後者的門徒中沒有一個是值得尊重的，而前者也不具有一個令人尊重的『理解力』」（W II 6, 141）。——法文G版注

26 參見IV 5〔25〕（1875）。——法文G版注

27 參見VIII 10〔12〕：「哲學家和其他的高級保姆，年輕人從他們那裡吸取智慧的乳汁」。——法文G版注

28 雅各・布克哈特（Jacob Burckhardt, 1818-1897）：瑞士文化和歷史學家、蘇黎士和巴塞爾大學教授。主要著作爲：《君士坦丁大帝時代》（一八五三）、《嚮導》（一八五五）、《文藝復興時期的義大利文化》（一八六〇）、《文藝復興史》（一八六七）、《世界史觀》（一九〇五）。他和尼采部分共同的巴塞爾時期（尼采，一八六九—一八七九；布克哈特，一八五八—一八九三），奠定了他們互相間友好關係的基礎。——Pütz版注

參見尼采於一八八八年十二月二十二日寫給Overbeck的信：「雅各・布克哈特，〔在《偶像的黃昏》中〕以

最爲恭維的方式被援引了兩次，他收到了所有第一批樣書，這是Naumann準備留給我的。」——法文G版注

29 美屬於少數人（pulchrum est paucorum hominum）：根據賀拉斯，《諷刺詩集》I, 9, 44。——Pütz版注

30 「教育」的民主主義：一七七〇年和一八三〇年之間，在德國形成了現代教育體制，其主要概念「教育」包含了精神的個性和自決的理想。大約自一八九〇年起，在學校中，反對資產階級精神的改革運動得到加強。這些學校受到美國典範的激勵，要求教育的民主化：國民應該獨立於社會等級差別，在「統一學校」裡受到培養。尼采的批評針對伴隨這個新教育概念而來的、趨於一種傳統的百科式「普遍教育」的傾向。——Pütz版注

31 指免除學生參軍的義務（N. D. T.）。——法文G版注

32 參見前文，《作爲反自然的道德》，§2。——法文G版注

33 德國的秀美：尼采指的是席勒。他在其論著《論秀美與尊嚴》（一七九三）裡，把秀美定義爲「一顆美麗的心靈的表達」，作爲由主體引起的運動的美，相對於尊嚴作爲「一種崇高的信念的表達」（參見一百周年紀念版，十一卷，二二三頁）。對於德國的秀美的指出，應該理解爲是諷刺性的。那些容忍這位知性哲學家的德國人，也許幾乎不懂，什麼是秀美。——Pütz版注

一個不合時宜者的漫遊

1

[111]

一[2]

我那不可能做的事。——**塞內加**[3]：或者德行的鬥牛士。——**盧梭**[4]：或者進入汙穢的原始自然[5]的返歸自然。——**席勒**：或者塞金根的道德號手[6]——**但丁**[7]：或者在墳墓裡作詩的鬣狗。[8]——**康德**：或者僞善言辭[9]作爲理知的特性。[10]——**維克多・雨果**[11]：或者荒謬之海上的法魯斯[12]。——**李斯特**[13]：或者精湛技巧的學校——追逐女人。[14]——**喬治・桑**[15]：或者豐富的乳汁，[16]用德語說：具有「秀美風格」[17]的奶牛。——**米什萊**[18]：或者脫去外套的激動……**卡萊爾**[19]：或者悲觀主義作爲撤回了的午餐。——**約翰・斯圖亞特・密爾**[20]：或者侮辱人的清晰。[21]——**龔固爾兄弟**：或者與荷馬[22]作戰的兩個埃阿斯[23]。奧芬巴赫[24]的音樂。——**左拉**[25]：或者「臭氣沖天的快樂」[26]。——

[112]

二[27]

勒南[28]。——神學，或者由「原罪」（基督教）造成的理性的敗壞。勒南的明證。一旦他要冒險道出一般類型的肯定或否定意見時，他就會以死板的按部就班的方式出錯。[29]比如他想把科學（la science）和高貴（la noblesse）合成一體：但是，科學屬於民主，這是明擺著的。他希望，不帶任何小小的虛榮心，表現一種精神的貴族主義[30]：但同時他又對其相反的學說，即卑賤者的福音（évangile des humbles）跪拜，而且不僅僅是跪拜。所有的自由精神、現代性、譏諷的本領和蟻鴷的靈巧[31]絲毫無用，倘若人們骨子裡依舊是基督徒、天主教徒，甚至是教士！在進行誘惑方面，勒南有他的發明才能，完全像個耶穌會會士[32]和懺悔神父；他的精神性裡不缺乏教士那咧著嘴的微笑，——與所有的教士一樣，只有當他愛的時候，他才會變得危險。[33]

沒人能像他那樣，以一種致命的方式禮拜……勒南的這個精神，一種**麻痺神經**的精神，對這個可憐的、患病的、意志有病的法國來說，甚於一個厄運。——

三[34]

聖伯夫[35]。——毫無男子氣概；充滿對一切陽剛精神的渺小的憤懣。四處遊蕩、伶俐、好奇、無聊、好打聽，——歸根究柢，一個惹人討厭的女人，具有一種女人的復仇欲和女人的官感性。作爲心理學家，是個誹謗（médisance）的天才；對此擁有極其豐富的手段；沒人比他更善於用一句讚美去摻和毒藥。在最深的本能中是粗俗，而且與盧梭的憤懣類似：所以是浪漫主義者——因爲在一切浪漫主義[36]背後都有盧梭復仇的本能在嘟囔和渴想。是革命的，但可惜被恐懼控制住。特別是面對一切強大的東西（公眾意見、科學院[37]、宮廷、甚至波爾羅亞爾[38]）毫無自由。激烈地反對一切偉大人物和偉大事物，反對一切自信者。詩人和半個女人，已足夠把偉大當作權力感受；不停地蠕動，就像那條著名的蟲子，[39]因爲它總是覺得自己被踩踏。[40]作爲沒有準則、立場、脊柱的批評家，帶著談論宇宙之各種自由精神的舌頭，但沒有勇氣承認自己的放蕩無度。作爲缺少哲學的歷史學家、缺少哲學目光的**強力**，——所以在一切重要問題上拒絕接受判斷的任務，把「客觀性」持爲面具。在一種精美和有利的鑑賞力是最高審級的地方，他對萬物的態度就是不同：在那裡他確實有對於自身的勇氣，對於自身的樂趣，——他在那裡是大師。——就有些方面來看，是波特萊爾[41]的一個雛形。[42]

四

《**效法基督**》[43]屬於那種我拿在手中不會不產生生理反抗的書，它散發出一股永恆的女性的芳香，接近她一個人必須是法國人——或者是華格納的追隨者……這個聖徒具有一種談論愛的方式，甚至能讓法國女人也萌生好奇心。——有人告訴我，那位**最聰明的**耶穌會會士，孔德[44]，他想把他的法國人**繞道**科學帶往羅馬，在這本書裡獲得了靈感。我相信這點：「心靈的宗教」[45]……

五[46]

艾略特[47]。——他們失去了基督教的上帝，現在不得不更加堅持基督教道德。這是一種**英國式的**合乎邏輯的行動，我們不願爲此而責怪艾略特這個道德小女子。在英國，爲了每次從神學那裡的小小解放，作爲道德狂熱分子，人們得以令人恐懼的方式讓自己再獲榮譽。在那裡，這是人們支付的**賠償**。對我們其他人來說，情況不同。要是一個人放棄基督教信仰，以此他就把對於基督教道德的**權利**從自己腳下抽走。這種道德絕對**不是**不言自明的：人們得不顧那些英國的平庸傢伙，不斷地揭露這點。基督教是個體系，一個對事物作了整體考慮的和**完整的**觀點。若有人從中抽離出一個主要概念，即對上帝的信仰，他就會以此摧毀這個整體：他就不再持有任何必要的東西了。基督教的前提是，人不知道，不能知道，對他來說什麼是善、什麼是惡。他信仰上帝，唯有上帝知道這點。基督教的道德是個命令；其根源是超驗的；它處在一切批評，一切批評之權利的彼岸；唯獨當上帝是眞理時，它才擁有眞理，它與對上帝的信仰共存亡。倘若英國人眞的相信，他們從自身出發，「本能地」知道，何爲善惡，倘若他們因此而以爲，基督教作爲對於道德的保證不再有必要，那麼這本身是基督教價值判斷之統治的**後果**，是這個統治的**強大**與**深刻**的一個表達；以至於英國道德的起源被遺忘，以至於其對此在之權利的非常的有限性，不再被感覺到。對英國人來說道德還不是個問題……

六[48]

喬治·桑。——我讀過《一個旅人的書簡》第一卷：就像盧梭寫的一切東西，虛僞、做作、吹噓、誇張。我受不了這種花哨的糊牆紙風格；同樣受不了這種小民追求豁達情感的野心。當然，最糟糕的依舊是帶有男子氣概和頑童舉止的女人的打情罵俏。在做這一切時她得多麼鎮定自若，這個讓人無法忍受的女戲子！她像一只鐘錶那樣上緊發條——進行寫作……[49]鎮定自若，如同雨果、如同巴爾札克[50]，如同所有浪漫派作家，只要他們進行創作！此刻她會多麼自得地躺在那邊，這條多產的寫作母牛[51]，身上帶有糟糕的德國特徵，與她的老師盧梭本人一樣，而無論如何只有當法國的鑑賞力趨於沒落時，這種情況才可能出現！——但勒南崇拜她……[52]

七[53]

心理學家的道德。——別兜售廉價的心理學！**永遠別**爲了觀察而觀察！這會產生一種錯覺、一種睥睨、一種勉強和誇張的東西。**想要**體驗而去體驗——這不合適。一個人**不能**在體驗中凝視自身，每一瞥都會成爲「凶險的目光」。一個天生的心理學家本能地防止自己，爲了看而去看；這一點也適用於畫家。他從不「依照自然」[54]工作，他聽任自己的本能，他的暗室[55]去篩選，去表現「事件」、「自然」、「經歷」……然後他才意識到**普遍的東西**、結論、結果：他不懂對個別事件作那種任意的抽象。倘若換一種做法，情況會怎樣？比如以大大小小的巴黎小說家[56]的方式，去兜售廉價的心理學？這彷彿在暗中守候現實，每晚帶著幾件稀罕之物回家……不過，人們最後看到的結果是——一堆塗鴉，最多是一張鑲嵌圖像，無論如何，是某種拼貼一處、令人煩躁、顏色刺目的東西。在這方面龔固爾兄弟做得最糟：他們湊不齊三句不對眼睛、**心理學家們**的眼睛，造成傷害的句子。——藝術地看，自然不是典範。它誇張、它扭曲、它留下漏洞。自然是**偶然**，在我看來「依照自然」的研究是個不好的徵象：它暴露出屈服、弱點、宿命論，——對凌亂無關之事（petis faits）的頂禮膜拜，這對一名**完全的**藝術家來說有失身分。看看**是什麼**——這種做法屬於另一類的英才，屬於**反藝術者**、屬於事實論者。一個人得知道，自己是**誰**……

八[57]

藝術家的心理。——爲了藝術能存在、爲了某種審美的行爲和關照能存在，一種心理的前提必不可缺：**迷醉**。迷醉得先提高整個機體的敏感性，否則不會產生藝術。所有受不同條件所決定的迷醉類型都具有對此的力量。首先是性衝動的迷醉，這是迷醉最古老和最原始的形式。同時還有隨同所有巨大欲望、所有強烈感情而來的迷醉；節慶、比賽、精彩表演、勝利、一切極限運動的迷醉；殘酷的迷醉、摧毀的迷醉；某種天氣影響下的迷醉，比如春天的迷醉；或者在麻醉劑影響下；最後是意志的迷醉，一種積聚的和膨脹的意志的迷醉。迷醉的本質是力量昇華和充溢的感情。出於這種感情人們投身於事物，**強迫**事物向我們索取、強暴事物，有人稱這樣的過程爲理想化。讓我們在此擺脫一種成見：理想化**並非**如人們通常以爲的那樣，在於排除或去掉無關緊要的微末小事。相反地，對主要特徵的大力**突出**是決定性的，其他的特徵就會由此消失。

九

在這個狀態裡，人出於自身的豐盈，充實萬物。他看到自己的所見所願，鼓鼓脹脹、被擠受壓、強大、承載著重力。這個狀態中的人改變事物，直到它們映現他的力量、直到它們是他的完美的反射。這個進入完滿的**必須**轉變就是——藝術。甚至一切他不是的東西，也成爲他樂趣的自身；人在藝術中把自身當作完滿享受。——也許能允許別人，想像出一種相反的狀態，本能的一種特殊的反藝術家類型，——一種使萬物變得貧乏、稀疏，患上肺結核病的類型。事實上，歷史上充斥著這樣的反藝術家，這樣的生命饑饉者；他們必然地把萬物扯向自身，必定使之虛弱，更加**貧瘠**。比如那個眞正的基督徒的情形，比如帕斯卡：一個同時身爲藝術家的基督徒，但這**不存在**……請別太天眞，提出拉斐爾[58]或者十九世紀隨便別的什麼採用順勢療法的基督徒來反駁我：拉斐爾說是、拉斐爾作肯定、所以拉斐爾不是基督徒……[59]

十

由我引入美學的對立概念，**阿波羅的和狄俄尼索斯的**[60]，兩者都被理解爲是迷醉的類型，它意味著什麼？——阿波羅的迷醉首先讓眼睛保持激動，以至於眼睛獲得幻覺之力。畫家、雕塑家和敘事文學家是出色的幻覺者。相反地，在狄俄尼索斯的狀態中，卻是整個情緒系統的激動和增強，以至於它突然地調動自己一切的表達手段，釋放表現、模仿、改造、變化之力，同時還有表情和表演的全部種類。本質的東西依然是形變的輕巧，無法不反應（類似於某些歇斯底里者，他們會根據每種暗示進入**任何**角色）的無能。狄俄尼索斯的人無法不去理解任何一種暗示，他不會錯過任何情緒的徵兆，他具有最高級的理解和推測之本能，正如他掌握最高級的傳達藝術。他深入到每個人的內心和情感世界：他不斷變化自己。——音樂，如同我們今天所理解的那樣，同樣是一種情感的整體激發和釋放，但畢竟只是一種更充溢的情感之表達世界的殘留，是狄俄尼索斯戲劇演員的一種純粹的**殘渣**。爲了讓音樂作爲特殊藝術成爲可能，人們停止了一批感官，尤其是肌肉的感覺功能（至少相對如此，因爲在某種程度上，所有的節奏都訴諸我們的肌肉）。於是，人不再立刻模仿和表現他感受到的一切。儘管如此，這其實是狄俄尼索斯的標準狀態，無論如何，是原初狀態；以最相近之能力爲代價，音樂是緩慢形成的對同一狀態的具體說明。

十一

演員、戲子、舞蹈家、音樂家、詩人，他們在本能上基本相近，就其自身來說是一體，但逐漸地專門化和互相分離——直到甚至有衝突。詩人與音樂家保持著最長久的聯合關係；演員則同舞蹈家。——**建築師**既不表現一種狄俄尼索斯狀態，也不表現一種阿波羅

[118]

狀態：這裡有偉大的意志行爲、移山的意志、渴望藝術的偉大意志的迷醉。最強有力的人總是賦予建築師以靈感；建築師則始終處於力的啓發之下。建築物應該體現驕傲，體現對重力的勝利和權力的意志；[61]建築藝術是表現爲形式的一種權力之能言善辯的種類，它時而誨人不倦，甚至阿諛奉承，時而斷然號令。最高的權力感和安全感在**偉大的風格**中得以表達。強權不再需要證明；它不屑於討好；它沉穩作答；它不感到周圍有證人；它生存著，不意識到存在著反對它的異議；它宿命地沉湎於**自身**，是法則中的一個法則：這個法則作爲偉大的風格談論自身。——[62]

十二[63]

我讀過**湯瑪斯・卡萊爾**的生平，這場違背心願的鬧劇，這個對於消化不良狀態的英雄道德的闡釋。——卡萊爾，一個大言不慚和趾高氣揚的傢伙，一個**不得已**的雄辯家，不斷地受到對一種強大信仰之渴望**和**對此又無能的感覺的騷擾（在這點上是個典型的浪漫派作家！），對一種強大信仰的渴望不是一種強大信仰的證明，而是相反。**一個人有了信仰**，就可以允許自己享受懷疑的美好奢華——他對此就足夠安全、足夠堅定、足夠受約束。卡萊爾對具有強大信仰的人強烈地（fortissimo）表明他的景仰，對不太幼稚的人表明自己的憤怒，由此來麻痺自己內心的某些東西——他**需要**喧鬧。一種面對自己的持續和狂熱的**不誠實**——這是他的特性（proprium），因此他依然是饒有趣味的。——當然，在英國，他正是因爲誠實而受到敬仰……好吧，這是英國式的；考慮到英國人是道地的僞善言辭（cant）的民族，這不僅可以理解，甚至合情合理。卡萊爾本質上是個英國的無神論者，他在不是無神論者這點上，追求自己的榮譽。

十三

愛默生[64]。——比卡萊爾開明得多、逍遙得多、更複雜、更狡黠、尤其更幸運……這樣的一個人，他本能地單靠長命百歲的神仙美食（Ambrosia）爲生，把無法消化之物留在事物中。與卡萊爾相比，他是個有鑑賞力的人。——卡萊爾非常喜歡他，但儘管如此，還這樣談論他：「他無法給我們足夠的東西咀嚼」[65]：儘管這話可能說得有理，但無損於愛默生。——愛默生具有一種善良和智慧的快活性格，能消解一切認眞；但他完全不知道，自己已有多大年紀，還會如何年輕，他可以用維迦[66]的一句話說自己：「我跟隨我自己」。[67]他的精神總是找得到滿意的、甚至感激的理由；而他有時達到那個老實人快活的超然境界。此人從一次與情人的幽會處，如同從一件出色地完成的事務（tamquan re bene gesta）中返回。「即使缺少力量，他感激地說，享樂依然值得讚揚。」[68]——

十四

反達爾文[69]。——至於著名的生存鬥爭，我目前認爲，與其說它被證明，不如說它被斷言。這發生過，但作爲例外；生命的整體**不是**匱乏、饑謹，反而是富足、豐盛，甚至是荒謬的揮霍，凡是有鬥爭的地方，人們爲**權力**而鬥爭……人們不該把馬爾薩斯[70]與自然混爲一談。——假定有這樣的鬥爭——事實上它出現了——可惜它的結果與達爾文學派希望的、或許與人們可以和這個學派一起希望的相反：即對強者、有特權者、幸運的例外者不利。物種**並不**在完善中生長，弱者總是不斷地控制強者，原因爲，他們是多數，他們也**更聰明**……達爾文忘記了精神（這是英國式的！）**弱者擁有更多的精神**……人們得需要精神，才能得到精神，倘若他不再需要它，就會失去它。誰強大，誰就放棄精神（「讓它們被拿走吧！今天有人在德國這麼想——**帝國**將留給我們」[71]……）大家看到，我理解的精神，是謹慎、耐心、計謀、僞裝、偉大的自我克制，和一切是模仿（mimicry）的東西（屬於最後一項的有大部分的所謂德行）。

十五[72]

心理學家的病例報告。——這是個老於世故者：他爲何要琢磨人？他想從他們身上獲得小小的好處，或者大好處，——他是個政客！……那一位也是老於世故者：你們說，他不想爲自己獲取任何東西，這是個偉大的「無個性者」。請你們仔細看看吧！也許他甚至想謀得一種**更糟糕的好處**，即感到自己比他人優越，可以俯視他人，不再讓自己與他們混淆。這個「無個性者」是人的**蔑視者**：而前面那個是比較人道的種類，這也是憑印象可以說的。他至少把自己放在與別人同等的地位，他置身**於內**……

十六

就我看來，德國人的**心理節奏**由於一系列事件成了問題，而我的謙遜妨礙我展示問題的清單。但有一個事件給了我充分的理由，去論證我的命題。我對德國人耿耿於懷，他們在康德及其被我稱爲「後門哲學」的方面弄錯了，——這不是知識分子的誠實的類型。——我不愛聽的另一件事，是一個聲明狼藉的「和」：德國人說「歌德**和**席勒」[73]，——我擔心他們說「席勒和歌德」……難道大家還不**認識**這個席勒？——還有更糟糕的「和」；

我親耳聽見，只不過是在大學教授之中，「叔本華**和**哈特曼[74]」……

十七

最富有精神的人，前提爲，他們是最勇敢的人，也絕對是經歷了最痛苦之悲劇的人。不過，他們之所以尊敬生命，正是因爲生命以最大的敵意與他們對抗。

十八[75]

關於「**理智的良心**」。——就我看來，今天沒有什麼比眞正的僞善更罕見了。我非常懷疑，這種植物受不了我們文化的輕柔之風。僞善屬於強大信仰的時代：那時人們甚至在**被迫**展現另一種信仰時，也不拋棄自己舊有的信仰。今天人們拋棄它；或者更常見的是，再給自己添上第二種信仰，而在每種情況中他們依舊保持**誠實**。毫無疑問，與往日相比，今天有一批數目大得多的信念成爲可能。可能，這意味著允許、這意味著**無害**。由此產生出對自身的寬容。對自身的寬容允許更多的信念：它們自己和睦相處，——它們提防，不讓自己出醜，與如今大家都那麼做的一樣。如今一個人怎樣才會出醜？要是他堅定不移、要是他一條道路走到底、要是他不模棱兩可、要是他純眞……我非常擔心，對有些惡行而言，現代人過於懶散，以至於這些惡行正在滅絕。一切由強大的意志所決定的惡——也許不存在任何缺少強大意志的惡——正在我們那溫暖的空氣中，蛻化爲德行……我所認識的幾個爲數不多的僞善者，模仿著僞善，就像今天幾乎每十個人中的一個那樣，是演員。——

十九[76]

美和醜。——沒有什麼比我們的美感更有條件，讓我們這麼說，**更受限制**。倘若有人試圖離開人對於人的樂趣去思考，就會立刻失去根基和立足點。「自在之美」[77]僅僅是一個詞，甚至不是一個概念。人在美之中實現作爲完善準則的自身；在精選的情況下，他在美之中進行自我崇拜。一個種類非此不能單獨地自我肯定。它那**至深**的本能，自我維護和自我擴展的本能，在這樣的精湛高雅中繼續作用。人相信世界本身充滿著美，——他**忘記**自己是美的原因。唯有他把美贈與世界，唉！只是一種人性的、太人性的[78]美……歸根究柢，人在事物中映照自己，他把一切反射其圖像的東西都看作是美的：「美」的判斷是他的**種類的虛榮心**……一個小小的猜疑也許會對懷疑論者[79]輕聲耳語，提出問題：人把世界當作是美的，難道它眞的因此得到了美化？人把世界**人性化**了：這就是一切。不過，無法擔保，什麼也無法擔保我們，正是人提出美的典範。誰知道，他在一位更高級別的鑑賞家眼裡是什麼樣子？也許這樣說過於大膽？也許是令人發笑的？也許稍稍有些任意？……「啊，狄俄尼索斯、神靈，你爲何扯我耳朵？」阿里阿德涅在拿克索斯的一次著名談話中，這樣問她的哲學情人。「我在你的耳朵裡發現了一種幽默，阿里阿德涅：它們爲何不更長一些？」[80]

[124]

二十

沒有什麼是美的，只有人是美的：全部的美學都建立在這樣一種簡單的事實上，它是美學的**第**一眞理。讓我們立刻添上它的第二眞理：沒有什麼比蛻化的人更醜，——審美判斷[81]的領域由此被限定。——從生理學上核算，一切的醜，使人虛弱和悲哀。它令人想起頹敗、危險、軟弱無力；人在此時的確會喪失力量。醜的作用能以測力計測出。只要人在哪裡確實受到壓抑，他就能嗅出某種「醜陋」就在近前。他的權力感，他的權力意志，他的驕傲——與醜同降，與美同升……在這樣或那樣的情況中，**我們得出一個結論**：美醜之前提以其無比的豐富性積聚在本能中。醜被理解爲衰敗的一個暗示和徵象，哪怕最最略微地讓人想起衰敗的東西，都會引起我們「醜」的判斷。枯竭、沉重、衰老、疲憊的每種徵兆，每種不自由，無論是痙攣還是癱瘓，尤其是解體和腐爛的氣味、顏色和形狀，即使在最後成爲象徵的稀釋中——這一切都會引起同樣的反應，都引起「醜」的價值判斷。此刻，一種**憎恨之情**會油然而生：人憎恨誰？不過這毫無疑問，憎恨他的**類型的衰落**。在此，他出於族類最深的一種本能憎恨；在這個憎恨中，既有驚恐、謹慎，也有深刻、遠見，——這是世上最深的憎恨。由於它的緣故，藝術是**深刻的**……[82]

二十一

叔本華。——叔本華，最後一個要關注的德國人（像歌德、像黑格爾、像海因里希·海涅一樣，是個**歐洲的**事件，**不僅僅**是個地方的，而是個「民族的」事件），對一名心理學家來說，是個一流的病例：作爲惡意的天才嘗試，它有利於一種虛無主義的對生命的整體貶低，但恰恰是反向審判，把「生命意志」[83]的偉大的自我肯定、生命的富足形式當作理由提出。他依次把藝術、英雄主義、天才、美、偉大的同情、認識、求眞的意志和悲劇，解釋爲「否定」或者「意志」[84]之否定需要的後果——除了基督教，這是歷史中最偉大的心理學弄虛作假術。更仔細地觀察，他在這方面只是基督教解釋的繼承者：不過他也懂得，依舊在一個基督教的、也就是說虛無主義意義中，去**贊同**被基督教**拒絕的**東西，即人類偉大的文化事實（即作爲通向「拯救」[85]的道路，作爲「拯救」之前奏，作爲對「拯救」之需求的刺激……）

二十二

我舉單個的例子。叔本華以一種憂傷的激情**談論美**，——究竟爲什麼？因爲他在其中看到了一座橋，人在上面繼續走，或者渴望繼續走……對人來說，它是從「意志」的暫時解脫——它吸引人們永久地獲得解脫……他特別讚賞它是讓人擺脫「意志的焦點」[86]、即擺脫性欲的女救星，——他的美中看到生殖本能**被否定**……奇人！會有人反駁你，我擔心，那是自然。在自然中，以聲音、顏色、芳香、有節奏的運動爲表現形式的美究竟**爲何**存在？是什麼**催生**了美？——幸運的是，也有一位哲學家反駁他，並非小人物，而是權威人士，那個神聖的柏拉圖[87]（叔本華自己也這麼稱呼他）認爲另一個原理是正確的：即所有的美，刺激生殖，[88]——這正是其效果的特性，從最感性的提升到最精神的……

二十三

柏拉圖走得更遠。他帶著一種必須是希臘人而不是「基督徒」才能享有的無辜說道，倘若沒有如此英俊的雅典青年，根本就不會有柏拉圖的哲學：他們的目光讓哲學家的靈魂陷於性愛的迷醉，急不可待，直到它把一切崇高事物的種子，播撒到這樣一片如此美妙的土壤裡。[89]也是一個奇人！[90]——人們簡直不敢相信自己的耳朵，不過要假定，他們相信柏拉圖。他們至少可以猜測，雅典人**不一樣地**進行哲思，尤其在公開場合。沒有什麼比一個隱士編織的概念蜘蛛網，比史賓諾莎[91]式的對上帝的精神之愛（amor intellectualisdei），更不是希臘式了。按照柏拉圖的方式，哲學抑或更可以定義爲一場性愛的比賽，對古代體育競賽及其**前提**的一種延續和內省……從柏拉圖這種哲學的性愛裡最終產生出什麼？希臘式競賽[92]的一種新形式，雄辯術。——我還記得，這**反對**叔本華而爲柏拉圖增添榮耀，就是**古典**法國的全部高級文化和文學[93]，都在性興趣的土壤上長出。在那裡，人們可以四處尋找殷勤[94]、性感、性競爭、「女人」，——尋找永遠不會徒勞無功……

二十四[95]

爲藝術而藝術。[96]藝術中反對目的的鬥爭，始終是反對藝術中**道德化**傾向、反對它屈服於道德的鬥爭。爲藝術而藝術意味著：「讓道德見鬼去吧！」——可是，即使這個敵意也透露出偏見的強勢。要是把道德說教和改善人類的目的從藝術中排除，那麼其結果還遠非這樣，即藝術完全是無目的、無目標、無意義的。簡言之，是爲藝術而藝術的——一條咬住自己尾巴的蟲子——。「寧願全無目的也不要一個道德目的！」——純然的激情如是說。一個心理學家反問：一切的藝術何爲？它不讚美？它不美化？它不選擇？它不偏愛？它以這一切手段**加強**或者**削弱**某些價值評價……這只是一種無關緊要？一種偶然？某種藝術家的本能完全不參與的事？或者：這難道不是前提，只有這樣藝術家才能……？藝術家的至深本能指向藝術或者不是，反而指向藝術的意義、即生命？指向**生命的可盼之望**？——藝術是生命最偉大的興奮劑[97]：怎麼可以把它理解爲無目的、無目標、爲藝術而藝術的呢？——還有一個問題：藝術也顯現出生命中許多醜陋、嚴酷、可疑的東西，——難道它以此不怪罪生命？——事實上，有這樣的哲學家，他們賦予藝術這個意義：叔本華認爲「棄絕意志」是藝術的全部意圖，把「贊同絕望」尊爲悲劇的最大功利[98]。——不過——我已經闡明——這是悲觀主義者的視角和「凶險的目光」——。人們得訴諸藝術家本身。

悲劇藝術家傳達著自身的什麼？他展現的，難道恰恰是面對恐懼和可疑的無所畏懼狀態？——這個狀態自身是個非常的可盼之望；誰認識這個狀態，就以最高的崇敬對它表示崇敬。他傳達這個狀態，他必須傳達這個狀態，前提是，他是個藝術家，一名傳達的天才。面對一個強大的敵人、面對一種巨大的災難、面對一個引起恐懼的問題，感情的無畏和自由——這是悲劇藝術家所選擇和美化的**勝利**狀態。在悲劇面前，我們靈魂裡的好戰性慶祝著它的農神節[99]；習慣於痛苦和尋求痛苦的**英勇**之人，他以悲劇頌揚自己的此在，——悲劇作家只為他，捧上這杯最甘美的殘酷之酒[100]。——

二十五[101]

將就別人、敞開心扉，這是寬宏大量，不過這只是寬宏大量。人們認出那些具有**高貴的**待客能力的心靈，可在這些心靈上有許多遮掩的窗戶和關緊的護窗板：它們讓自己最好的房間空著。為什麼？——因為它們等待那些人們不「將就」的客人。

二十六

一旦我們表達自己，我們就不再充分地評價自己。我們的實際體驗根本就不是好說話的。它們自己無法表達自己，即使它們願意。原因是，它們缺少語言。一旦我們對什麼有語言，我們就已經超越了它。一切話語中都有那麼一點蔑視。看來語言僅爲平常的，不偏不倚的，可以言說的東西而發明。說話的人已經用語言使自己**平庸化**。——來自聾啞人和其他哲學家的一種道德。

二十七[102]

「這幅畫漂亮得令人心醉！」[103]這個文學女人，不滿、激動、身心一片荒涼，時刻懷著痛苦的好奇心傾聽從她肌體深處悄悄發出的命令：「孩子或者書籍」（aut liberi aut libri）。這個文學女人，有足夠的教養，懂得自然的聲音，即使它說著拉丁語，另外還足夠虛榮和愚蠢，甚至私下裡還對自己說法語：

我將看自己，我將讀自己，我將入迷陶醉，並且說：這可能嗎？我有這麼多的精神？[104]

二十八[105]

「無個性者」開口說話。——「對於我們來說，沒有什麼比智慧、耐心和深思熟慮更容易了。我們身上浸透了寬容和同情之油，我們以一個荒謬的方式公正，我們原諒一切。正因爲如此，我們應該更嚴格一些；正因爲如此，我們應該不時地**培育**一點小小的情緒、一點小小的情緒的罪孽。這可能會讓我們氣惱，而我們互相之間也許會嘲笑我們表現出的這個觀點。但這又有什麼辦法！就自我克服而言，我們別無他法：這就是**我們的**禁欲主義，**我們的**贖罪」……**成爲有個性的**——「無個性者」的德行……

二十九

出自一次博士考試[106]。——「一切高等教育的任務是什麼？」——把人弄成機器。——「其方法是什麼？」——他得學習讓自己感到無聊。「怎麼做到這點？」——透過責任的概念[107]。「誰是他這方面的典範？」——那個語文學家：他教人**死記硬背**。「誰是完美之人？」——國家官員。——「哪一種哲學爲國家官員給出最高級的公式？」——康德的：國家官員作爲自在之物被任命爲法官，審判作爲現象[108]的國家官員。——

三十

做蠢事的權利。——疲憊和呼吸遲緩的工人，善意地瞧著，對事物的發展任其自然。這種典型的人物當前可以在工作（和「帝國」！）的時代裡，在社會的各個階層中碰到。這樣的人物今天正要求享有**藝術**，包括書籍，尤其是報刊——更多的是美麗的大自然，義大利……遲暮的人，帶著浮士德談及的「已經安睡的野蠻衝動」，[109]需要避暑、海水浴、滑冰，拜羅伊特的……在這樣的年代，藝術有權做**純粹的蠢事**，作爲精神、詼諧和情感的一種休假。華格納懂得這點。**純粹的蠢事**復原……

三十一[110]

還有一個養生問題。尤利烏斯·凱撒[111]用來防止疾病和頭痛的辦法是：長途行軍，最簡單的生活方式，不間斷地在戶外逗留，經常的操勞[112]——概而言之，這是對付那種靈敏

[130]

的、在極端壓力下工作之機器的極度易損性的，維持和保護措施，這種機器名叫天才。

三十二[113]

非道德主義者發話。——**只要他有願望**，那麼沒什麼比他更不合一位哲學家的鑑賞力了……如果哲學家僅看到此人在行動，看到這頭最英勇的、最狡猾的、最有忍耐力的動物，自己走失在迷宮似的困境中，這個人在他眼裡就是多麼地值得讚歎！他還對他說話……不過哲學家蔑視願望著的人，還有「可願望的」人——總而言之，一切的可願望性、一切的人的**理想**。倘若一個哲學家能是虛無主義者的話，那麼他會是，因爲他在人的所有理想後面找到虛無。或者甚至虛無也找不到，——而只有無恥之極、荒謬、病態、懦弱、疲憊，所有出自他生命之**被啜盡**的酒杯中的各類殘渣……怎麼回事，作爲事實的如此值得尊敬的人，只要他願望，就得不到重視？他得爲他作爲事實而如此地勤奮而受到懲罰？他得用一次在幻想和荒謬中的伸展四肢，來舒緩他的行動，以及在一切行動中的腦力和意志的緊張？——人的可願望性的歷史至今是他的不體面部位（partie honteuse）：該小心，別過久地在裡面閱讀。替人說明理由的，是他的現實性，——它會永久地替他說明理由。與任何一個只是企望的、夢見的、卑鄙地捏造出來的人相比、與任何一個理想的人

[131]

相比，這個眞實的人具有多麼大的價值？……只有理想的人才不合哲學家的鑑賞力。

三十三

利己主義的自然價值。自私自利的價值，與那個自私自利者生理學方面的價值一樣：它可能很有價值、它可能毫無價值和令人鄙視。每個個體可以就此得到評價，即根據他表現的生命線條是上升或下降。有了這樣一個相關的判斷，人們也就有了一個標準，看他的自私自利具有什麼價值。他表現的是線條上升，那麼他的價值事實上是傑出的，——爲了隨同他**繼續前進**一步的生命整體的緣故，對於他的最佳條件的保持和創造的操心，甚至可以是極端的。個體，「個人」，如民眾和哲學家至今所理解的那樣，是個謬誤：他不是自爲的，不是原子，不是「鏈條的環節」，不單純是過去的遺傳物，——他依舊是完整的一條線，一如到他自身爲止的人……要是他表現出下降的趨勢、衰退、慢性的蛻化、疾病（概括地說，疾病已是衰退的後果，不是其原因），那麼他就沒什麼價值，而那第一公正要求他，盡可能少地向發展良好者索取。他只是他們的寄生蟲……

三十四

基督徒和無政府主義者。——無政府主義者作為社會沒落階層的喉舌，當他忿然作色地要求「權利」、「正義」和「平等」時，他僅僅受他愚昧的支配，而這種愚昧無法領會，他其實為何受苦，——他缺乏什麼？缺乏生命……他身上追根究柢的衝動強大無比：他自己處境不妙，一定有人要對此負責……就是那「忿然作色」本身已經讓他感到舒暢，對所有的窮鬼來說，咒罵是一種享樂，這提供一種小小的權力迷醉。悲歎、怨天尤人，這能給生活提供一種刺激，為此人們忍受生命：在每一聲悲歎中有一精微的**復仇**的劑量。有人因為自己的壞處境，可能甚至自己的壞品質，而指責其他不同的人，就像指責一種不公正、一種**不容許的**特權。「倘若我是一個混蛋，那麼你也應該是」：人們根據這樣的邏輯進行革命。怨天尤人在任何場合都無用：它源自軟弱。一個人把自己糟糕的處境歸咎於別人或者歸咎於**自己本身**——比如社會主義者取前面的做法，基督徒取後面的做法，這其實並無差別。這裡的共同點，我們也稱它為**不體面處**，就是有人受苦，有人就應該**負有責任**。簡而言之，為了對付他的苦難，受難者為自己制定復仇蜂蜜的療法。這個復仇需要作為**樂趣**需要，其客體是臨時的原因：受難者到處尋找原因，以發洩他渺小的復仇欲，倘若他是基督徒，再說一遍，他就在自身找到原因……基督徒和無政府主義者，兩者都是頹廢者。不過，即使基督徒譴責、誹謗和汙蔑「**世界**」，他是出於一樣的本能，如同社會主義的工人出於同樣的本能譴責、誹謗和汙蔑社會：「最後的審判」自身還是復仇的甜蜜安慰——革命，正如社會主義的工人期盼的那樣，只是設想得遙遠了些……這個「彼岸」自身——這樣一種彼岸有何用，倘若它不是一種汙蔑此岸的手段？……

三十五

頹廢道德批判。——一種「利他的」[114]道德，一種自私自利在那裡枯萎的道德，在任何情況下，這種道德都是一個糟糕的徵兆。這一點適用於個人，尤其適用於民族。一旦開始缺少自私自利，就缺少了最好的東西。本能地選取有害**自我**，受「無利害感的」[115]動機所**吸引**，那就幾乎為頹廢給出了簡單的表達方式。「別尋求他的好處」——這僅僅是塊道德遮羞布，以掩蓋一種全然不同的，即生理的事實性：「我不再懂得**找到**我的好處」這是本能的崩潰！當一個人變得利他時，他也就完了。頹廢者口中的道德謊言，不是天眞地說：「**我**不再有任何價值」，而是說：「任何東西都毫無價值，**生命**毫無價值」……這樣一種判斷最終依然是一種巨大的危險，它有傳染性，在整個社會那病態的土壤上，很快就蔓延為熱帶的觀念植物，時而是宗教（基督教）、時而為哲學（叔本華主義）。很有可能，

這種從腐爛中長出的毒樹植物，會帶著它的臭氣，長達千年地繼續毒害生命…… 116

三十六

醫生的道德。——病人是社會的寄生蟲。在某些情況下，還賴活下去，是不體面的。倘若生命的意義、生命的權利已經丟失，卑怯地靠醫生和醫療苟活，這該受到社會的深深鄙視。醫生應當是這種鄙視的中介，每天給病人開出的不是藥方，而是一劑**新的**厭惡……當生命和**上升著的**生命的最高利益，最最無情地要求壓制和排除那**蛻化著的**生命時，比如爲了生育的權利、出生的權利、生活的權利……爲所有這些情況，醫生要有一種新的責任心……一個人倘若不能繼續以一種驕傲的方式活著，就該以一種驕傲的方式去死。自願選擇的死、適時的死、開朗而愉快，在孩子和證人中間實行：**那個尚且在世者**、那個告別的人，就有可能作眞正的告別，同時能對已實現的成就和意願進行一次眞正的評價，對生命作一次**總結**——這一切與基督教在臨終時刻上演可憐又可怕的喜劇恰恰相反。人們不該忘記，基督教濫用了彌留之人的軟弱以強暴良心、濫用了死亡的方式對人及其過去進行價值判斷！在此，要反對一切偏見的懦弱，尤其要確立所謂**自然**死亡之正確的，也就是說生理的尊嚴：即使它最後只是一種「非自然的」死亡、一種自殺。一個人從不死於他人，而是死於自身。不過，在最可鄙之條件下的死，一次非自由的死、一次**非適時**的死，是一種懦夫的死亡。出於對**生命**的愛，——，一個人應該要不一樣的死，自由地、有意識地、非偶然地，不是突如其來地……最後對虛無主義者的先生們和頹廢者提一個建議。我們無法阻止自己的出生，但我們能把這個錯誤——因爲這偶爾是個錯誤——重新糾正。要是一個人**清除**自己，就做了世上最值得尊敬的事。以此，他幾乎替自己贏得了生的機會……社會，我該說什麼！還有**生命**自身，由此獲得的好處，要比在斷念，枯黃病和其他什麼德行中的隨便什麼「生活」多得多，他使別人擺脫了他的景象，他使生命擺脫了一種**異議**……悲觀主義，純淨而新鮮，只有透過悲觀主義者的先生們自我反駁才能**證明自己**。人們得在他的邏輯中向前推進一步，不僅僅像叔本華那樣，用「意志和表象」[117]來否定生命——，人們得**首先否定叔本華**……順便提一下，悲觀主義儘管如此具有傳染性，一個時代、整個族類的病態還是沒有增加：悲觀主義是這種病態的表現。一個人受制於它，就像受制於霍亂：他肯定已經足夠地病入膏肓了。悲觀主義自身沒有增加任何一名頹廢者；我想起統計的結果，在霍亂大肆流行的年份，死亡的總數與其他的年份並無二致。[118]

三十七

我們是否變得更道德了。——不出所料，針對我那「善惡的彼岸」[119]的概念，在德國眾所周知地被視爲道德自身的道德愚蠢化，以其全部的**怒火**——，發作了：對此我可以講一些有趣的故事。首先，人們要我思考我們時代在德行判斷方面的「無可否認的優越性」，我們在這裡眞正取得的**進步**：與我們相比，一個博爾吉亞[120]完全不能被樹立爲一個「更高尚的人」，某種正如我所稱的**超人**[121]……一個《聯邦報》的瑞士編輯，[122]走得如此之遠，儘管對進行如此冒險的勇氣表達出些許敬意，但「理解」我的著作的意義在於，我要用它來提出申請，廢除所有正派的感情。非常感謝！[123]——請允許我作爲答覆提出這個問題，**我們是否確實變得更道德了**。全世界都相信這點，這已經是個對此的異議……我們現代人，雖然非常脆弱、非常敏感，互相給予和接受關懷，事實上自己產生了錯覺，以爲我們展現的這種脆弱的人性，在愛護、幫助、互相信任方面那**取得的**一致，似乎是一種積極的進步，我們以此已遠遠超過文藝復興時代的人。每個時代都這麼想，也**必定**這麼想。確實，我們不能把自己置身於文藝復興的狀態：我們的神經無法經受那種現實，更不用說我們的肌肉了。可是，這樣一種無能，它證明的不是進步，而只是另一種更遲暮、更虛弱、更脆弱、更敏感的狀態，從中必然會產生一種**顧慮萬千的**道德。讓我們撇開我們的脆弱、遲暮和我們生理的老化不考慮，那麼我們「人性化」的道德就立刻失去它的價值，道德自身沒有價值——，它會受到我們自己的蔑視。另一方面，要是我們不懷疑，我們現代人那裹著厚棉被、根本經不起石頭碰撞的人性，會給博爾吉亞的同時代人上演一齣笑死人的喜劇。事實上，帶著我們的現代「德行」，我們不得不顯得極度可笑……敵對和猜疑本能的減退——這可能就是我們的「進步」，只表現出**生命力**普遍降低中的後果之一。要實現這樣一個如此受局限、如此遲暮的此在，要付出幾百倍的辛勞、更多的審愼。大家在這裡互相幫助，因爲在某種程度上人人是病人，人人又是護士。這就叫「德行」——：在曾經其他認識生命的人之中，那時生命更飽滿、更揮霍、更充溢，他們可能對德行的稱呼不一樣，也許稱其爲「懦弱」、「可憐」、「老太婆道德」……我們習俗的輕柔化——這是我的命題，要是別人願意，也是我的**革新**——是沒落的一個後果；相反地，習俗的硬朗和可怕可以是生命之充沛的一個結果。這樣才可以有眾多冒險、眾多挑戰、眾多**浪費**。從前是生命調味品的東西，對我們可能是**毒藥**……態度冷淡——這也是堅強的一種形式——對此我們同樣年紀太老、太遲暮。我們那可以被稱作道德感傷主義（l’impressionisme moral）的**同情道德**，我曾作爲第一人對此提出警告，更是生理過敏的表現，它是一切頹廢者所特有的。那個試圖借助叔本華的同情道德科學地顯示自身的運動——一個非常不幸的嘗試——實際上是道德中的頹廢運動，作爲這樣的運動，它與基督教道德深切近似。那

[138]

些堅強的時代、高貴的文化，它們把同情、「博愛」，缺乏自我和自我感，視爲某種可鄙之事。[124]——衡量時代得依據其**積極的力量**，此刻，文藝復興那個如此揮霍和多災多難的時代表現爲最後的**偉大**時代，而我們，我們這些有著自己那戰戰兢兢的自我操心和博愛的現代人，帶著我們勞作的德行、謙遜、正義、科學性——蒐集著節儉而刻板卻表現爲一個**虛弱的**時代……我們的德行是由我們的虛弱所限定，和引發的……「平等」，某種事實上的接近相同（Anähnlichung），在「平等權利」[125]的理論中僅僅得到了表達，本質上屬於沒落：人與人、階層與階層之間的鴻溝、類型的多樣化、自我實現和自我彰顯的意志，我稱這一切爲**距離的激情**，[126]是每個**強大**時代的特性。今天，極端之間的張力和跨度變得愈來愈小，——極端自身終於模糊不清而成爲相同……我們所有的政治理論**和**國家憲法，「德意志帝國」絕對沒排除在外，都是沒落的結論和必然後果；頹廢的無意識的作用，一直滲入到單個學科的理想中，並取得支配地位。我對英國和法國的整個社會學持有異議，因爲它僅從經驗出發去了解社團的**衰敗形態**，而且完全無辜地把自己那衰敗的本能當作社會學價值判斷的**標準**。**走向沒落的**生命，一切組織的，也就是說分離的、擴大縫隙的、使人服從和指揮他人的力量的減退，在今天的社會學中表達爲**理想**……我們的社會主義者是頹廢派，不過史賓塞[127]先生也是個頹廢者，他在利他主義的勝利中看到某種值得希望的東西！……

三十八

我的自由概念。——有時，一件事物的價值並不在於人們以它獲得什麼？而在於爲它付出什麼？它讓我們**花費**了什麼？我舉一個例子。自由主義的機構一旦達到了目的，就不再是自由主義的了，此後對於自由來說，沒有什麼比自由主義的機構，是更麻煩和更徹底的褻瀆者。大家當然知道，它們都做了**什麼**：它們削弱權力意志、它們把抹平山巒和峽谷的落差提升爲道德、它們提倡渺小，懦弱和享受，每次與它們一起歡慶勝利的是動物群體。自由主義：用德語說，是**畜群動物化**[128]……只要這樣的機構還被努力爭取，它們就會產生完全不同的作用；它們確實會以一種強大的方式促進自由。仔細觀察，產生這些作用的是戰爭，爲了自由主義機構的戰爭，作爲戰爭，它讓**非自由主義的**本能得到延續，而戰爭培育自由。因爲何爲自由？就是一個人具有自我負責的意志。就是一個人緊守分開我們的距離。就是一個人對勞累、嚴酷、匱乏，甚至對生命變得更加漠然。就是一個人準備爲他的事業犧牲別人，不排除自己。自由意味著，男性的、好戰和好勝的本能支配其他本能，比如支配「幸福」的本能。**成爲自由的**人，更是成爲自由的**精神**，踩踏著小商販、基督徒、母牛、女人、英國人和其他民主主義分子所夢想的舒適的可鄙方式。自由人是**戰士**。在個人如同在民族，自由根據什麼衡量？根據必須克服的阻力，根據保持**在上**之

[140]

地位要付出的辛勞。自由人的最高級類型必須到那裡尋找，在那必須克服最強大阻力的地方：離暴政咫尺之遙，緊靠被奴役之危險的門檻。這在心理學上是眞實的，倘若人們這裡在「暴君」統治下領教那無情可怕的本能，而它們要求最高的權威和自我約束——尤利烏斯·凱撒是最好的典範；這在政治上也是眞實的，人們只要回顧一下歷史。曾經有些價值和**成爲**有價值的民族，從來不是在自由主義機構下成就自己的。**巨大的危險**從這些民族中造就出某些值得敬畏的東西，是危險教導我們認識我們的救助手段，我們的德行，我們的武器裝備，我們的**精神**，**迫使**我們堅強……**第**一準則：一個人得有必要堅強，否則永遠不會堅強。那些有史以來培育堅強和最堅強類型的人的碩大溫室，羅馬和威尼斯類型的貴族社會，恰恰在與我理解自由這個詞的同樣意義中理解自由，把它看作人所擁有又不擁有、想**要**和**贏得**的東西……

三十九

現代性批判。——我們的機構已毫無用處，對此人們意見一致。不過責任不在他們，而在**我們**。當我們失去了從中產生機構的所有本能之後，我們也就完全地失去機構，因爲**我們**不再適合它們。民主主義在任何時代都是組織力衰退的形式。我已經在《人性

[141]

的、太人性的》[129]第一卷三一八節中，把現代民主及其半成品，比如「德意志帝國」，標示爲**國家的衰落形式**。爲了有機構，一定要有某種意志、本能、命令，反自由主義得達到惡毒的程度；對於傳統、權威、超越千年的責任心、前後無限（in infinitum）之世代相連的**團結**的意志。一旦有了這樣的意志，那麼類似於羅馬帝國這樣的東西就得到建立；或者像俄國，那今天體內有持續力、能夠等待和做出允諾的**唯一的政權**，俄國是可憐的歐洲小國和神經質的對立概念。而這種神經質隨著德意志帝國[130]的建立進入了一種危急的狀態……整個西方不再擁有從中產生機構和產生**將來**的本能；也許沒有什麼如此地違背它的「現代精神」了。人們爲當下而活，人們活得非常敏捷、人們活得非常不負責任；人們恰恰稱此爲「自由」。那些從機構中**造出**的機構，受到鄙視、憎恨、拒絕，只要有人大聲說出「權威」這個詞，大家就相信面臨一種新的奴隸制的危險。我們的政治家和政黨在價值本能中的頹廢發展到了這樣的地步；**他們本能地偏愛**那些瓦解事物、加速終結的東西……證據是**現代婚姻**。現代婚姻顯然已失去所有的理性，但這給出的異議並非針對婚姻，而是針對現代性。婚姻的理性——它基於男人法律上的單獨負責：婚姻由此就有它的重心，而今天它卻兩腳跛行。婚姻的理性——它基於其原則上的不可解體性：由此它獲得一種音調，面對感情、激情和瞬間的偶然，它**懂得讓自己受到別人的傾聽**。婚姻的理性，同樣也基於家庭所承擔的對選擇夫婦倆的責任。隨著有利於**愛情**婚姻的不斷增長的寬容，人們簡直清除了婚姻的基礎。那是首先把婚姻弄成一個機構的東西。人們絕對不會在一種過敏反應的基礎上建立一個機構，人們不會把婚姻，如前所說，建立在「愛情」上，人們把它建立在性衝動、財產衝動（女人和孩子作爲財產）、**統治衝動**的基礎上，而這種衝動不斷地組織統治的最小形態——家庭，它還**需要**孩子和繼承人，爲了即使在生理上也保持在權力、影響、財富等方面達到的尺度，爲了替長期的使命，替世紀間的本能團結做準備。婚姻作爲機構，其內部已經包含了對最偉大、最持久的組織形式的肯定：要是社會本身不能作爲整體，直面最遙遠的世代爲自己**擔保**，那麼婚姻完全沒有意義。現代婚姻**失去了**它的意義，所以人們廢除它。[131]

四十[132]

工人問題[133]。——愚昧，從根本上來說，作爲今天所有愚昧之原因的本能的蛻化，就在於存在著一個工人問題。對某些問題**人們不發問**：本能的第一命令。我完全看不出，自從有人把歐洲的工人弄成一個問題之後，人們想拿他做什麼。他的情況相當好，無須別人一步接著一步、恬不知恥地提問。他們本身終究占多數。希望已完全破滅，即希望在這裡，一種淳樸知足的人，某種中國人的類型會形成；而這曾可能是理性的，而且恰恰曾是一種必須。人們都做了什麼？什麼都做，爲了把前提消滅在萌芽狀態，人們以最最不負責任的漫不經心，徹底毀滅了本能，而正是借助這樣的本能，工人才可能成爲階層、才能**成爲自身**。人們使工人善於軍事，賦予他們結社權和政治投票權；要是工人覺得他今天的實存已處於危急狀態（道德地說是**不公正**），這又有什麼奇怪？不過再問一次，人們**想要**什麼？想要目的，也得想要手段：要的是奴隸，倘若把他們教育成主人，這是傻瓜。——

四十一

「自由，我指的不是它……」[134]在今天這樣的時代，放任自己的本能，更是一種災難。這樣的本能彼此衝突，互相干擾和毀滅；我已經把現代定義爲生理上的自我矛盾。教育的理性會要求，在一種鐵的壓力下，至少這些本能系統中的一個會**癱瘓**，以便允許另一個獲得力量，變得強大，取得支配地位。今天也許人們必須首先對個人進行**限制**，才能讓個人成爲可能：可能意味著**完整**……事實卻相反：關於獨立、自由發展、放任[135]的要求，恰恰由那些人最最激烈地提出，而對於這些人，沒有任何轡繩**過於嚴厲**——這在政治事務（in politicis）和藝術領域中也同樣。這是**頹廢**的一個徵兆：我們那對於「自由」的現代概念，更是一個本能蛻化的證明。

四十二

哪裡亟需信仰。——在道德主義者和聖人中，沒有什麼比誠實更爲罕見；也許他們說反話，也許他們自己**相信**這個。倘若一種信仰比**有意識的**虛僞更有用、更有效、更令人信服，那麼出於本能，虛僞立刻成爲**無辜**：理解大聖人的第一定理。就是在哲學家那裡，另一種聖人，這個定理也帶來整套的手藝，以至於他們僅允許某些眞理，亦即那些使他們的手藝獲得**公衆的**認可的眞理，用康德的話來說，就是**實踐**理性的眞理。[136]他們知道，他們**必須**證明什麼，在這方面他們講究實際，——他們憑藉這點互相認出，即他們對於「眞理」意見一致。——「你不該說謊」——用德語說是：我的哲學家先生，**請您提防**道出眞理……

四十三

說給保守黨人聽。——人們以前並不知道今天知道和能知道的事，任何意義及任何程度上的**退化**和倒退，都絕對不可能。至少我們生理學家知道這點。不過所有的教士和道德學家卻相信這點，他們想把人類送回到、**歸回到過去的**一種德行規範上。道德曾經一直是一個普洛克斯路斯忒斯之床[137]。甚至那些政治家也在這方面模仿德行布道者：即使今天也還有些政黨，它們把一切事物的**蟹行**[138]夢想爲目標。但是沒人有當螃蟹的自由。無濟於事：人們**必須**前進，也就是說在**頹廢中一步接著一步地繼續向前**（這就是我對現代「進步」的定義）。人們可以**阻礙**這個發展，透過阻礙，攔住並且積聚蛻化自身，使它來得更猛烈、**更突然**、更多的事人們做不到。

四十四

我的天才概念。——偉大的男人[139]如同偉大的時代，是爆炸性的材料，其中聚集著一種巨大的力量；其歷史和生理的前提始終是，他們身上長久地蒐集、累積、儲存和保持的力量，[140]——長時間的沒有爆炸。如果張力的強度過大，那麼最最偶然的刺激，就足以把「天才」、「偉業」、偉大的命運，喚入世界。這與環境、時代、「時代精神」、「公眾輿論」有何相干！——可以舉拿破崙的例子。革命時期的法國，以及革命前的法國，可以產生與拿破崙格格不入的類型，但也產生了他。因爲拿破崙是**另類**，較之法國的蒸汽和戲劇文明，是一種更強大、更久遠、更古老的文明的繼承人，所以他在此成了統治者，在此他純粹是統治者。偉大的人物是必然的，產生他們的時代是偶然的；他們幾乎總是成爲時代的主人，究其原因，他們更強大、更古老，身上積聚的東西更久遠。在一個天才和他的時代之間，存在著一種關係，就像在強大和軟弱、年老與年輕之間一樣。相對來說，時代總是年輕、單薄、未成年、不可靠和幼稚得多。就此，今天人們在法國的思考**非常不同**（在德國亦同，不過這無關緊要），在那裡，一種關於環境的理論，[141]一種眞正的神經病患者理論，變得神聖不可侵犯，幾乎成爲科學，最終得到生理學家的相信。這「聞起來不對頭」，讓人產生悲哀念頭。就是在英國，人們的理解也沒什麼不同，但沒人爲此悲傷。[142]容忍天才和「偉人」，英國人只有兩條路可走：巴克爾[143]的**民主**方式或者卡萊爾的**宗教**方式。——偉人和偉大時代的危險非同尋常；各種各樣的疲憊和創造乏術，對他們緊追不捨。偉人是一個終點；偉大的時代，比如文藝復興，是一個終點。天才——在創作中和行動中——必然是個揮霍無度者：**耗盡精力**，是他的偉大之處……自我保存的本能彷彿被棄置；洶湧而來的力，其巨大的擠壓禁止他保持任何這樣的小心和謹愼。有人稱此爲「犧牲」；有人讚揚他這方面的「英雄主義」，即他面對自己的安康漠不關心，而獻身於一種觀念、一件偉大的事業、一個祖國：一切都是誤解……他洶湧而出，氾濫無邊，消耗自己，損傷自身，——帶來的厄運後果嚴重，而且不由自主，就像一條河流，不由自主地決堤奔騰。但是，由於人們有眾多事情要感謝這樣的爆炸，所以人們也回贈許多，比如某種**較高尚的道德**……這是人類表示謝意的方式：他們**誤解他們**的行善者。

四十五

罪犯及其近親者。——罪犯的類型是不利條件下強者的類型，一種被弄成病態的強者。他缺少荒野，某種更自由和更危險的自然和生存方式，而在這樣的生存方式裡，一切強者進攻和防衛的本能，是**合法存在**的。他的德行受社會排斥；他那隨身帶來的最活躍的衝動，立刻又與起壓抑作用的情緒、狐疑、恐懼、恥辱等交織一起。但這幾乎是促進生理蛻化的**藥方**。誰都得祕密地做他最擅長和最喜歡做的事，身處長久的緊張、謹慎、詭祕狀態，就會變得貧血；而因爲他從自己的本能那裡得到的只是危險、迫害和災難，他的感情也轉向反對這些本能——他痛苦地感受它們。正是在我們那馴化、平庸、被閹割的社會裡，一個來自山嶺或者大洋冒險的天然之人，必然地墮落爲罪犯，或者幾乎是必然地。因爲也有這樣的事例，一個這樣的人證明自己比社會強大，科西嘉人拿破崙就是最著名的例子。對這裡提出的問題來說，杜斯妥也夫斯基[144]的證詞具有深意——順便說一下，杜斯妥也夫斯基是唯一一個我從他那裡可以學到些什麼的心理學家，他屬於我生命中最美妙的幸運，甚至超過發現斯丹達爾。[145]這個**深刻的人**，有十倍的權利蔑視膚淺的德國人，他曾長期生活在西伯利亞的囚犯中間，對那些已經無法重返社會的重犯，有過與他自己的期待完全不同的體驗——他們差不多是用生長在俄羅斯土地上最好、最堅硬和最有價值的木頭雕刻而成。讓我們把罪犯的例子普遍化：讓我們思考一下那類天性的人物。由於某種原因，他們缺少公眾的贊同，他們知道，他們不被視爲有益和有利，他們具有賤民感，覺得不享有同等地位、受到排斥、缺乏尊嚴，還引發汙染作用。所有這些天性，在思想和行動中都有地下生活者的色彩；較之其此在受到日光照耀的人，他們身上的任何東西顯得更加蒼白。可是，幾乎一切我們今天顯示的實存形式，從前都曾在這樣半是墳墓的空氣中生活過：科學界人士、藝術家、天才、無神論者、演員、商人、偉大的發現者……如若**教士**被視爲最高的類型，那麼**每種**有價數值型別的人都受到貶低……這個時代到來了——我預言——，那時教士將被視爲**最低賤者**和**我們的**賤民，被視爲最不誠實和最不體面類型的人……我注意到，如同現在，在地球上，至少在歐洲，處於地球上有史以來最溫和的風俗統治下，每種怪癖，每種長久的、過於長久的**在下狀態**，每種不同尋常的、不透明的此在形式，都讓人熟悉那種罪犯所完成的類型。所有精神的革新者都曾在一個時期，額頭上印有賤民那慘白和宿命的標記：**並不是**因爲他們被如此看待，而是因爲他們自己感覺到那可怕的鴻溝，它讓他們與一切傳統和身處榮耀的人隔開。幾乎每個天才都認識到「卡提利那[146]式的實存」，對一切已經**存在**和不再**生成**的東西的一種憎恨、報復和反抗的感情，是自己的一個發展階段……卡提利那——**每個**凱撒的前實存形式。[147]

四十六

這裡視野開闊[148]——倘若一位哲學家沉默，這可能是心靈的高潮；倘若他反駁自己，這可能是愛；說謊也許是認知者的一種禮貌。人們不無優雅地說：偉大的心靈，不值得去散播他們所感受到的內在震顫：[149]不過必須補充，**面對最失身分之事**不感到害怕，同樣可以是心靈的偉大。一個愛著的女人，奉獻著她的榮譽；一個「愛」著的認知者，或許奉獻著他的人性；一個愛著的上帝，成了猶太人……

四十七

美不是偶然。——即使一個種族或家庭的美，它們所有舉止中的優美和善意，是經過努力獲得的：和天才一樣，美是世代積累的工作的最終結果。人必須為美好的鑑賞力付出巨大代價；人必須為此做許多事，放棄許多事——十七世紀的法國在這兩方面都令人讚歎不已——；對於社會、地點、衣著、性滿足，人必須有個挑選的原則；比起利益、習慣、意見、懶散，人必須更喜歡美。最高的準繩：人必須對於自己也不能「放任自由」。美好的事物是非同尋常地昂貴的，而這樣的法則一直有效，即擁有它的人，是另外一個人，不是努力獲得它的人。一切財產是遺產：非繼承的東西，是不完善的，是開端……在西塞羅時代的雅典，西塞羅[150]對男子和少年在美貌方面遠勝於女人而表示驚訝。可是，爲了美，千百年來男人曾付出怎樣的勞作和努力！在此人們不應該弄錯方法，對感情和思想的單純培育近乎無用（德國式教育的巨大誤解就在這裡，它完全是幻想），人必須首先說服**肉身**。嚴格地維持優秀和講究的舉止，只與不「放任自流」的人一起生活的約束力，這已完全足夠，讓人變得優秀和講究，在兩三代裡，一切已經內化。對民族和人類之命運有決定性意義的是，在**正確的**位置開始文化——不從「心靈」開始（如教士和半教士們災難性的迷信那樣）。正確的位置是肉身、舉止、規定飲食、生理學，其餘由此產生……希臘人之所以依舊是歷史的**第一個文化事件**——是因爲他們知道，他們所做，是必須做的事；蔑視肉身的基督教，是迄今爲止人類的最大不幸。

四十八[151]

我理解的進步。——我也談論「退回自然」[152]，儘管它其實不是一種倒退，而是一種**上升**——上升到崇高、自由，甚至可怕的自然和和天性中，一種遊戲和**允許**遊戲偉大使命的天性……用**比喻**來表達：拿破崙是一齣「退回自然」的戲，如我對這個自然的理解（比如在戰術上，一如軍事家所知，更在戰略上）。——可是盧梭——他究竟想退回何處？盧梭，這第一位現代人，是集理想主義者和惡棍（canaille）於一身的一個人；他需要道德的「尊嚴」，以忍受自己的觀點；由於無節制的虛榮心和無節制的自卑感而憂傷。就是這個躺到新時代門檻上的怪胎也想「退回自然」——再問一遍，盧梭想退回何處？——我憎恨盧梭已**在**革命[153]**中**：它是理想主義者和惡棍之雙重存在的世界歷史的表達。這場革命所演出的血腥鬧劇，它的「非道德性」，均與我無多大關係。我所憎恨的，是盧梭式的**道德性**——那所謂革命的「眞理」，而革命攜帶著這些所謂的眞理一直還在發生作用，並說服所有的淺薄者和平庸者相信它。這個平等的學說！[154]……不過沒有更毒的毒藥了，因爲這個學說看上去宣揚公正自身，其實是公正的**終結**……

以平等對平等，以不平等對不平等——這大概是公正的眞話。不過，其結論是，絕不讓不平等變得平等。[155]

圍繞著平等學說發生如此可怕和血腥的事件，這賦予這個出色的「現代理念」某種榮譽和火光，以至革命作爲**景觀**也誘惑了那些最高貴的英才。但最終這不是對它更重視的理由。——我只看到一個人，他對它感到**厭惡**，就像它必定會如此被感覺的那樣——歌德……

四十九[156]

歌德——不是一個德國事件，而是一個歐洲事件：一個了不起的嘗試，想藉此退回到自然，透過上升到文藝復興的質樸，來克服十八世紀，來自這個世紀方面的一種自我克服。——他身上帶有這個世紀最強烈的本能[157]：多愁善感、崇拜自然、反歷史、理想主義、非現實和革命（革命只是非現實的一種形式）。他借助歷史、自然科學、古希臘羅馬，同樣還有史賓諾莎，尤其借助實踐活動；他用完全封閉的視閾圈住自己；他不離棄生命，他置身其中；他不氣餒，盡可能多地接受、承擔、吸收。他想要的，那是**整體**；他抵制理性、感性、情感和意志的互相隔離（這種隔離受**康德**、歌德的對跖人，以最可怕的經院哲學鼓吹），他訓練自己成爲整體，他**創造**自身……身處一個非現實地思考的時代中心，歌德是個堅定的實在論者：他肯定同他在這點上相近的所有人，——他的所經所曆，沒有比那個最最實在者（**ens realissimum**），即拿破崙更偉大。但歌德塑造了一個堅強、有高度修養、所有體態動作靈巧輕盈、具自制力、敬畏自身的人，他可以把自然品質的全部領域和財富，大膽地給予自己，他強大得足以使用這個自由；他塑造了寬容的人，不是出於**軟弱**，而是出於強大，因爲他懂得把那導致平庸者毀滅的東西，爲自己的利益所用；他塑造了無所顧忌的人，除了軟弱，不管它現在叫罪孽或者德行……這樣的一個**實現了自**

由的英才，帶著快樂和信賴的宿命論站在宇宙中央，心懷信仰，唯獨個體卑劣，而在整體中得到拯救和肯定——他**不再否定**……可是，這樣一種信仰在所有可能的信仰中層次最高：我用**狄俄尼索斯**的名字爲它舉行洗禮。

五十

在某種意義上也許可以說，十九世紀所追求的一切，**也是**歌德作爲個人所追求過的：理解和贊同中的一種整體性，對每個人的接納，大膽的實在論，對所有事實的敬畏。但整個結果不是歌德，卻是一種混亂、一種虛無主義的唉聲歎氣、一種不知所措、一種疲憊的本能，而它在實踐中還驅使人們**回溯十八世紀**（比如情感的浪漫主義、利他主義和極端的多愁善感、鑑賞力中的女性主義、政治中的社會主義），這究竟是怎麼回事？難道十九世紀，尤其在它的末葉，只是一個**野蠻化**加強的十八世紀，也就是說一個頹廢的世紀？所以不僅對德國而且對整個歐洲來說，歌德僅是一個偶然，一個美妙的徒然無效？但是，倘若人們從一種公共利益的可憐角度關注偉人，那會誤解偉人。一個人不懂得從偉人身上獲利，**或許這本身就屬於偉大**……

五十一[158]

歌德是讓我肅然起敬的最後一個德國人：他感受到了我所感受的三件事，——就是對於「十字架」[159]我們的理解也一樣……時常有人問我，我究竟爲什麼**用德語**寫作？在任何地方我都不會像在祖國那樣，被更糟糕地閱讀。不過其實有誰知道，我是否還**希望**，在今天被人閱讀？創造歲月無法侵蝕的事物；根據形式和實質，爭取一個小小的不朽——我還從未謙虛得向自己要求更少。警句和格言是「永恆」的形式，而我在這方面是德國人的首席大師；我的抱負是，用十句話說出別人用一本書說的話、別人用一本書也沒法說出的話……我已經給予人類它所擁有的那本最深刻的書，我的**查拉圖斯特拉**：不久我要給它那本最具獨立性的書。[160]

【注釋】

1 〔法文版頁下注解〕Streifzuge Unzeitgemässen，字面上譯爲「一個不合於其時代的人的譫語／遊蕩／。」對於unzeitgemäss的含義，見N. D. T.＊，第五十二頁下方。我們在這裡大膽提出「一個不合時宜者」這個新詞，主要是爲了保留對於Considiration的暗示，並盡可能好地模仿尼采所創造出來的這個表述。——法文G版注

這整章同樣源自尼采（在一八八八年夏到一八八七年秋之間）爲《權力意志》而作的筆記，並構成了最有

力的證據來證明：《偶像的黃昏》只有在尼采放棄《權力意志》（但利用了它的材料）的計畫之後才能被「創作」。在一八八八年夏提供給印刷商的第一份複本中（在其中CI和AC仍構成了一個整體），在這章中的§§1-18的標題爲：「在藝術家和作家的作品中」，而§§9-31, 45-51的標題爲「根據我的美學而選擇的片段」；§§32-44是尼采在一八八八年十月四日和十三日之間在修改校樣的時候所增加的：所增加的部分頁同樣是取自爲《權力意志》所準備的材料。——法文版書末注

2 參見VIII 11〔409〕。——法文G版注

3 塞內加（Lucius Annaeus Seneca，約前四—西元六十五）：羅馬哲學家，悲劇作家和政治家。經過官員（古羅馬高級財政官，元老院議員）和一段時間在科西嘉島的流放生涯，曾當過尼祿的老師，五五／五六年間爲執政官；有過強大的政治影響力。由於莫須有的參與一次陰謀的罪名，他被尼祿勒令自殺。他寫過道德文章、對話和信札、自然科學的研究報告和悲劇。實際上是斯多噶派，但也傳播其他哲學家的影響（畢達哥拉斯、伊比鳩魯、犬儒學派）。其主要興趣是倫理學，其中，他對人類的完善和社會的理解給予最高的重視。——Pütz版注

4 盧梭（Jean-Jacques Rousseau, 1712-1778）：法國哲學家和作家；針對啓蒙運動，強調情感，以代替理性，不僅批評專制主義的國家，也已經批評其對手，即新的市民社會，視文明的進步爲墮落。透過其「社會契約」論，他成了法國革命的哲學家。其主要著作爲：《新愛洛伊思》（一七六一）、《愛彌兒》（一七六二）、《論社會契約》（一七六二）、《懺悔錄》（一七八一）。——Pütz版注

5 汙穢的原始自然（in impuris naturalibus）：可能是對湯瑪斯·阿奎那（Thomas von Aquin, 1225-1274）「純

潔的原始自然」（in puris naturalibus）說法的改變。尼采反對由盧梭提出的觀點，即人只有在自然狀態中才是善的，以及自由、平等和博愛的政治價值能夠實現；他反而強調，一個非由文化使之完善、缺乏阿波羅的秩序因素而固執於狄俄尼索斯的自然環境的人類，具有動物和暴力的天性。——Pütz版注

6 塞金根的道德號手：暗指舍費爾（Joseph Viktor von Scheffel）的史詩《塞金根的號手——奧伯海因的一首歌》（一八五四），對席勒作品中對道德性意義之強調的旁敲側擊。——Pütz版注

7 但丁（Dante Alighieri, 1265-1321）：義大利最偉大的詩人。他的主要著作《神曲》（一三一一－一三二一），是詩人穿越彼岸三個帝國，即「地獄」、「煉獄」和「天國」的幻覺旅行。——Pütz版注

8 作詩的鬣狗：暗指但丁《神曲》（比如第一部的13歌，124-129行，10歌，40-53行，或者11歌，6行）。——Pütz版注

9 僞善言辭（cant）：文字遊戲，一方面指向英語和法語概念：「僞善的語言」，「虛情假意的空話」，另一方面指向康德的名字：Cant的寫法源自家庭的氏族的來歷，還被康德的父親使用過。——Pütz版注

在斯丹達爾使用這個詞的意義上（尼采剛剛發現他，並很有可能是從他那裡借用這個表述）（N. D. T.）。——法文G版注

10 理知的特性：根據康德（《純粹理性批判》，一七八一），每個活動的主體都有一種特性，也就是說，以兩種形式表現的一種因果律：作爲經驗的特性，它證明主體是自然規律之因果關係的現象，作爲理知的特性，它確定這種因果律是行爲的責任人，而他自身不受時間條件的限定。康德以這樣的區分嘗試，證明自由和自然的原則上的一致性，以及人的道德行動的可能性。——Pütz版注

11 維克多・雨果（Victor Hugo, 1802-1885）：詩人，屬於法國浪漫主義盛期。——Pütz版注

12 法魯斯（Pharus）：在亞力山大城港附近的島嶼。托勒密二世（Ptolemaios II. Philadelphos，前二八五—二四六）讓索斯特拉塔斯（Sostratos）在上面建造了一個一百二十米高的燈塔，屬於世界奇觀，被視爲亞歷山大的標誌；所以法魯斯＝燈塔，如這裡。——Pütz版注

13 李斯特（Franzvon Liszt, 1811-1886）：作曲家和鋼琴家；過著入世的生活，這曾讓他和雨果、拉馬丁（Lamartine）、德拉克洛瓦（Delacroix）、白遼士（Berlioz）等人結識。他與自己長年的生活伴侶達吉爾夫人（Marie d'Agoult）生有三個孩子。女兒柯西瑪（Cosima, 1837-1930），先是比洛（Hans von Bülow）的妻子，然後成爲華格納的妻子，受到尼采的仰慕。作爲作曲家，李斯特是一種新型鋼琴音樂，即「交響詩」的創造者。這種音樂以最爲精湛的技巧著稱。——Pütz版注

14 精湛技巧〔……〕女人：精湛技巧不僅被歸於作爲作曲家和鋼琴家的李斯特；他對女人或者女人對於他的興趣也同樣強烈。——Pütz版注

15 喬治・桑（George Sand, 1804-1876）：本名阿芒丁—奧羅爾—呂西爾・杜德望（Amandine Aurore-Lucie Baronin Dudevant），出生名迪潘（Dupin），法國女作家。她曾與桑多（Jules Sandeau）生活一處，與他一起寫出她的第一部小說《玫瑰紅和白色》，還和繆塞（Alfred Musset, 1810-1857，法國作家）和蕭邦（Frédéric Chopin, 1810-1848，作曲家）共同生活。在自己的小說中，她致力於爲婦女爭取婚外愛情的權利，致力於解決社會問題。——Pütz版注

16 豐富的乳汁（lactea ubertas）：參見《龔固爾兄弟日記》II, 25，那裡關於喬治・桑這樣描述：「在她的姿

態裡有一種深沉、一種溫和，就像一頭反芻動物的半醒半睡狀態。」或者：「桑夫人，一個反芻的斯芬克斯。」——Pütz版注

17「秀美風格」：溫克爾曼的術語。依照斯卡利傑（Scaliger, 1540-1690，法國古典學者），他把古希臘藝術分爲四個「主要時期」：古樸風格、崇高風格、秀美風格、仿古風格時期。——Pütz版注

18米什萊（Jules Michelet, 1798-1874）：法國歷史學家和哲學家。自一八三八年起爲法蘭西科學院院士和法蘭西學院歷史學教授。作爲一名熱情奔放的民主制度的擁護者，他有傾向性地、帶著追求效果的熱情進行歷史寫作。尼采在此暗指的也許就是這點。一八五〇年由於熱心於政治活動他被解除教授職務，一八五二年，當他拒絕對憲法宣誓後，也失去了在國立檔案館歷史部主任的職務。尼采關於脫下的外套的比喻，有可能指的是官職和尊嚴的丟失。——Pütz版注

19卡萊爾（Thomas Carlyle, 1795-1881）：英國作家。既處在蘇格蘭的清教主義傳統裡，也處在德國的唯心論傳統中，他反對十九世紀的唯物論。其著作有：《法國革命》（一八三七）、《論英雄和英雄崇拜》（一八四一）。他在書中提出這樣的觀點，即世界史由受上帝引導的偉大人物的歷史組成。——Pütz版注

20約翰·斯圖亞特·密爾（John Stuart Mill, 1806-1873）：英國哲學家和國民經濟學家。以自己那歸納和演繹的邏輯體系（一八四三），被視爲英國古典經驗主義的繼承人，並把這種經驗主義發展成實證主義。作爲國民經濟學家，他在《政治經濟學原理》（一八四八）中代表了一種自由的社會主義。——Pütz版注

21侮辱人的清晰：尼采這個加密的比較，有可能意指穆勒的實證主義。它探究事實上曾有的、可靠的、毫無疑義的事物，探究「清晰的」事實，由此既阻擋了對於形而上學的思考的關注，尤其也阻擋了對於尋找尼采意

義中生機勃勃之事物的目光。「清晰」只有在這樣的情況下是「侮辱人的」，倘若它觀察到的東西太少，忽略了模糊的、不過是全面的背景和關聯。——Pütz版注

22 參見《龔古爾兄弟日記》III, 80：「……我以最溫和的語調肯定，閱讀雨果比閱讀荷馬更能令我愉悅」。——法文G版注

23 兩個埃阿斯：洛克勒爾的埃阿斯（Aias der Lokrer），小埃阿斯；和特拉莫尼的埃阿斯（Aias der Telamonier），大埃阿斯，兩個希臘人，他們常常並肩在特洛伊戰爭中戰鬥。大埃阿斯被荷馬（《伊利亞特》）描述爲最勇猛和最大膽的希臘人。——Pütz版注

24 奧芬巴赫（Jacques Offenbach, 1819-1880）：作曲家。他爲現代輕歌劇的繼續發展作出貢獻，進一步說，透過社會批評的抱負、音樂的詼諧，他的發明才能和易懂好記的節奏性。神話題材在他的幾部歌劇中獲得諷刺和詼諧的改造，比如在《美麗的海倫娜》（一八六四）和《地獄中的奧菲歐》（一八五八）中。——Pütz版注

25 左拉（Emile Zola, 1840-1902）：法國作家。作爲法國文學自然主義的主要代表，他理解的小說，是一種由生理條件限定的現實的文獻。他以爲，人由依賴於肉身的情感，由生物學的遺傳和環境影響所決定。——Pütz版注

26 「臭氣沖天的快樂」：其出處不明。尼采以這句引語，反對左拉那關於「醜陋的」、僅與肉身緊密相連的、片面的人的圖像。——Pütz版注

27 參見VIII 9〔22〕,9〔20〕（一八八七年秋）。——法文G版注

28 勒南（ErnestRenab,1823-1892）：法國宗教學家、東方學家和作家。受德國的批判神學和哲學的影響，他

背棄了自己的教士職業，投身於科學。在他的歷史哲學著作《科學的未來》（一八四八）中，他推崇一種實證主義的科學觀和一種文化樂觀主義的進步信仰。在宗教研究領域他還著有《基督教起源史》（一八六三—一八八三），在此書的第一卷《耶穌的一生》（一八六三）中，他嘗試從歷史、地理、社會和人種學諸方面，解釋耶穌的生平，並且把耶穌看作宗教的和無政府主義的理想主義者。自一八六二年起他任法蘭西學院閃語族語言教授，自一八七八年起是法蘭西科學院院士。——Pütz版注

29 在W II 3, 9中的異文：「像勒南這樣一個優雅的、〔柔順的〕靈活的心靈，怎麼會每當他完全信賴於其本能的時候就犯錯呢？怎麼會極爲荒謬地成爲一個神學家和帶有女人氣的呢？」——法文G版注

30 精神的貴族主義：關於勒南「精神的貴族主義」，請參見《龔固爾日記》中那著名的「在馬格尼處吃飯」的談話——特別是——他的《哲學的談話錄》。尼采曾讀過此書德譯（參見考訂版十四卷，四二三頁）。
——Pütz版注

31 蟻鴷的靈巧：蟻鴷是啄木鳥科的一種鳥。在古希臘，因爲它那伸長的脖子會突然轉動，被視爲遭拒絕的情侶的魔鳥。爲了奪回愛情，人們把鳥的腳和翅膀綁在一個四輪輻的輪子上，一邊念咒語，一邊轉著輪子。
——Pütz版注

32 耶穌會會士：由依納爵（IgnatiusvonLoyola）創立、一五四〇年被教皇批准的天主教修會，即「耶穌會」的會士。其目的是傳播和鞏固天主教信仰，尤其是透過傳教、授課、科學研究的以及寫作的活動。其對世俗政治的強大影響在歷史中不斷導致同國家的衝突，比如在普魯士文化鬥爭（一八七二—一八七八）中。由俾斯麥於一八七二年發布和一直存在到一九一七年的耶穌會會士法，意味著對這個修會的一種遍及整個帝國的禁

令。——尼采使用「耶穌會會士」時帶有的輕蔑口氣，同當時盛行的時代精神相吻合；此外，面對帶有敵視「生命」的「奴隸道德」的基督教，這也是尼采拒絕性立場的表達。而這種「奴隸道德」在同耶穌會會士那祕密的政治影響或者間接的權力要求的關聯中，變得清晰可見。——Pütz版注

33 「……依舊是天主教徒和女人氣的！他們的精緻全都是那些教士—女人的精緻——在一個人的身上，他們幾乎會激起恐懼。勒南的仇恨並非是直接的，〔他是〕無害的，至少，是不具攻擊性的：然而，他擅長以一種致命的方式進行崇拜」（WII3,9-11）。——法文G版注

34 以下的片段比當前的這個版本更清楚地顯示出尼采在何點上利用了《龔固爾兄弟日記》來描繪聖伯夫（參見，比如《日記》II, 66）：「輕描淡寫——這就是聖伯夫的座談會的魅力與狹隘。高超的觀念、宏偉的表述，這些意像從整體上烘托出一個人物的形象。被磨礪、引導和突出的，是一陣令人驚異的妙語，並透過疊加和聚集而不斷雕琢。一場機敏、才智橫溢但卻不足道的對話；在這場對話中，有典雅、諷刺、優雅的單調之音、利爪般的鋒芒和口蜜腹劍；實際上，這並不是一種上層男士的對話。」（楷體字是尼采在其樣書之中著重標出的；整段都被頁邊的「NB」標示出）同上書，p.90：「……在這些話語中，迸發出他的靈魂中最隱祕和最眞實的方面，在我們看來，他就像是有著一個平均主義者的頭腦，一個讓對於盧梭的仇恨在十九世紀的社會背景之上呈現出來的人的頭腦，從生理上來說，他也有幾分和這個盧梭相像。」（同樣，這段話的楷體字也是尼采著重標出的；在被著重標出的最後一句話的旁邊，我們在頁邊發現符號e〔ece〕h〔omo〕。同上，p.103：「伏爾泰從聖伯夫那裡引發出一種對於盧梭的讚頌，他稱盧梭爲一個與他同類的心靈、一個與他同『種族』的人」（「種族」這個詞被著重標出了兩次）。——法文G版注

35 聖伯夫（Charles-Augustin de Sainte-Beuve, 1804-1869）：法國文學評論家。他在評論時不讓自己受固定的形式和類型規則所左右，而是把有個性的文學作品放在它自身的歷史關聯中觀察。——Pütz版注

36 浪漫主義（romantisme）：在法國，這個表達方式指一七八九年後，在與社會和政治變革的關聯中，作爲針對一八〇四年和一八三〇年間形成爲經典的文學時期的相反運動。其主要代表是雨果、諾迪埃、拉馬丁。浪漫主義文學的本質特徵是主體性和感情崇拜，一方面是多愁善感的被動性，另一方面是對個人活力的渴求。——Pütz版注

37 科學院（Akademie）：最初指柏拉圖在雅典城郊，在阿卡德莫斯（Akademos）英雄林附近一個園子裡的學校。尼采這裡指的是一六三五年由黎塞留（Richelieu）在巴黎建立的法蘭西科學院，它給自己設定的任務是，維護語言的純潔、制定它的表達方式。它對法國古典主義文學和法語語法具有重大影響。——Pütz版注

38 波爾羅亞爾（Port-Royal）：實際上指巴黎附近的波爾羅亞爾西妥教團女隱修院，一二〇四年建立，一二一四年提升爲修道院管轄區，自一六二五年起在巴黎的聖．雅克城郊；存在到一八四一年。在女修道院院長安吉里克（Angélique）領導下，它成爲一個精神和宗教中心，對法國的精神發展產生重大影響。在主要是反對耶穌會會士和整個詹森教旨（十七世紀）的反教權主義的、嚴守教義的宗教改革運動中，它曾經發揮著一個主導作用。帕斯卡（Pascal）以波爾羅亞爾女隱修院爲出發點，與耶穌會會士鬥爭。——Pütz版注

39 那條著名的蟲子：蟲子有著諺語的「知名度」：要是有人踩它，它就會蜷縮起身子。把軟弱的人想像爲蟲子，首先起源於《聖經》；比如：「人自身只是一條地上的蟲。」（《詩篇》，22, 7）此外蛇或蟲是撒旦的一個化身。被天使米迦勒戰勝後，它顯現爲蜷縮的蟲（《約翰啓示錄》，12, 7）。——Pütz版注

40 參見「格言與箭」，三十一。——法文G版注

41 波特萊爾（CharlesBaudelaire,1821-1867）：法國詩人，藝術評論家，散文作家。受愛倫·坡（Edgar Allan Poe, 1809-1849）和E. T. A.霍夫曼（E. T. A. Hoffmann, 1776-1822）的影響，是華格納整體藝術作品思想的追隨者，創造了一種以嚴格的形式著稱的詩歌，在這樣的詩中，鑒於一種平庸的進步，他表現了人的不斷增長的世界陌生化。——Pütz版注

42 參見VIII 11〔231〕，聖伯夫致波特萊爾的信：「您說得對，我的詩和您的是有關聯的。實際上，我也曾品嘗那同樣苦澀的果實，滿是灰燼」（波特萊爾的《遺著》）。此外，尼采還從《聖伯夫筆記》（巴黎，一八七六）（BN）中了解到聖伯夫和波特萊爾之間的關係，這本書中出現了「才華橫溢的驢子」這個用在維克多·雨果身上的比喻，後來被尼采再度採用於其一篇片段中。——法文G版注

43 《效仿基督》（*imitatio Christi*）：指的是被歸在奧古斯丁教團修士和神祕主義作家湯瑪斯·封·肯彭（Thomas von Kempen, 1379/80-1471）名下的《關於基督的仿效》（*Deimitatione Christi*）的四本書。它們產生自十四/十五世紀「新虔敬主義」精神。這種「新虔敬主義」意圖用一種宗教的、積極的愛的理想，代替教條的基督教。——Pütz版注

44 孔德（Auguste Comte, 1798-1857）：法國哲學家，實證主義的主要代表。實證主義想在對形而上學的背棄中，透過觀察和實驗，發現現象的關聯和規律。不過，孔德同時宣揚一種普遍的宗教，其最高級的對象是人類自身，由愛、秩序和進步的價值所規定。尼采影射的是孔德哲學中反形而上學和宗教傾向的矛盾心理。——Pütz版注

45 「心靈的宗教」：以對帕斯卡（Pascal）恰恰反對理性和理性主義的《心靈的邏輯》（*logique du coer*）的影射，他揭示出孔德同他自身的實證主義理論的基本矛盾。孔德說，他曾受到一本神祕的宗教著作的「啓示」。——Pütz版注

46 參見VIII 10〔163〕。——法文G版注

47 艾略特（Georg Eliot, 1819-1880）：英國女作家。其著作主要帶有哲學和社會政治傾向的印記。她早年背棄清教主義的基督教，在斯特勞斯（Strauß）和費爾巴赫（Ludwig Feuerbach, 1804-1872）的影響下，維護一種自由的、不受宗教限制的倫理學。尼采假定艾略特具有無意識的搖擺性，雖然背離基督教信仰，但還是以一種新的倫理學，必然地重新接受了基督教的思想財富。——Pütz版注

48 參見VIII 11〔24〕。尼采曾於一八七六年購買了喬治．桑的《全集》的德文譯本。——法文G版注

49 她〔……〕寫作：在《龔固爾兄弟日記》II, 146頁，談到喬治．桑，她在中午一點結束一部小說，在接下去的夜裡開始另一部（參見考訂本十四卷，四二四頁）。——Pütz版注

50 巴爾札克（Honoré de Balzac, 1799-1850）：法國作家。他被視爲現代小說創作中社會主義現實主義的奠基人。他那設計爲對當代社會的整體描述的主要著作，是由九十一部長篇小說和中篇小說組成的《人間喜劇》（一八四一）。尼采這裡把巴爾札克歸於浪漫主義作家，僅在這方面有理由的，即相對於古典主義作家而言，法國浪漫派作家如同現實主義作家一樣，在其文學作品中，反映了社會現實的十分緊張的矛盾性。——Pütz版注

51 參見§1中對於lactea uberlas的注解。——法文G版注

52 參見《龔古爾兄弟日記》，II, p.112：「……我發現喬治．桑夫人要比巴爾札克更爲眞實……在她那裡，激情是普遍的……在未來的三百年間人們都將閱讀她……」這是勒南在一次與「Magny共餐」時所作的斷言，尼采在其樣書中著重標出了它，正如下面這句（同上書，p.112）：「勒南：喬治．桑夫人，這個時代最偉大的藝術家，最爲名副其實的天才！」——法文G版注

53 參見VIII 9〔64〕。——法文G版注

54 「依照自然」：法語句子d'aprés nature的德譯，可在《龔固爾兄弟日記》的前言裡找到。——Pütz版注

這個取自法語的表述，尼采是借自龔固爾兄弟。在尼采讀過的《日記》的那個版本的序言（p. VIII）中，我們讀到：「……我們不再是樂器的主人，或，我們只是依照自然的音符的非常不完善的編輯者」。在這段，尼采實際上採用了龔固爾兄弟的方法。——法文G版注

55 暗室（camera obscura）：內部塗黑的盒子，帶有透明的後壁，上面安有裝在正面的一個聚光透鏡，能拍出頭朝下、左右顚倒的照片；照相機的雛形。——Pütz版注

56 巴黎小說家：尼采指的是一八三〇年和一八八〇年之間法國現實主義和自然主義作家：司湯達、巴爾札克、龔固爾兄弟、福樓拜和左拉。他們在自己的作品裡，描摹了十九世紀社會和經濟的變化，及其對個人的影響。他們的意圖是對現實的精確觀察，不追求創造一種藝術的整體。——Pütz版注

57 §§8—11：這四段構成了尼采在《華格納事件》中已經預告過的「論藝術的心理學」的開頭（§7：「在我的題爲《論藝術的心理學》的重要著作的一章中」）（參見p. 33注解3）。在一八八八年五月（因此，是尼采正在寫作CW的期間）的「權力意志」的計畫中，第三部（Livre III）的第三章實際上就帶有這個標題。在同

一時期（一八八八年五月），尼采著手重謄那些圍繞著這個主題的筆記：這個版本存於筆記本W II 9（圖靈）之中，並建基於之前的來自於W II 5的筆記本之上（尼斯，pp. 164-165）。當尼采放棄了其「權力意志」的計畫之後，他在CI中重新採用了這四段，實際上未作修改。包含於W II 5中的第一版的標題爲：「論藝術的起源」，在其中包含了一些重要的異文。——法文G版注

58 拉斐爾（Raffael，眞名Raffaele Santi, 1483-1520）：義大利畫家和建築師。開始當他父親喬萬尼·桑蒂的助手，然後是佩魯吉諾（Perugino）的學生，一五〇四年去佛羅倫斯，自一五一八年起生活在羅馬。自一五一三年起參加彼得教堂的建造工作，一五一五年起爲聖彼得教堂的首席建築師和負責羅馬古代文物保護的官員。他被葬在萬神廟中。——Pütz版注

59 §§8&9的異文：「關於《論藝術的起源》。/從生理學的觀點看，藝術〔所有的藝術活動〕、所有的美學創造和沉思的首要條件是迷醉。所有的藝術都誕生於一種狀態，在其中迷醉增強了整個機體的敏感性：/這可以是性衝動的迷醉/或殘酷的迷醉/或春天的迷醉/憤怒的迷醉/貪婪的迷醉/英勇的迷醉/對抗的迷醉/或眼睛的迷醉：幻覺/在音樂與詩歌中，它就是幸福/——/在悲劇中，它就是殘酷/——在迷醉的狀態中某種感覺的極度興奮：迷醉的區域具有易於將自己的敏感性傳播到鄰近的區域中……/迷醉的本質是力量昇華和充溢的感情。出於這種感情人們投身於事物，也即使這些事物理想化（idéaliser）。/理想化，這並非是抽離那些微小的或次要的特徵，而是對主要特徵的大力突出，其他的特徵就會由此消失。/人們從其自身的充溢出發而使得所有的事物都處於迷醉中：人們看到它充盈著力、被力展開、膨脹，亦即人們改變了事物，直至它們僅僅是其自身的映現（reflet）/。人們可以正確地想像出一種反—藝術的行動，它使得所有的

事物都變得貧乏，使它們的實體變得空虛，使它們衰敗：他們是反－藝術家，這些『生命的饑謹者』他們想要消耗萬物並使之枯竭？／他們是一些獨特的悲觀主義者：一個作爲藝術家的悲觀主義者，這是自相矛盾的／問題：然而，確實存在著作爲藝術家的悲觀主義者！……」（W II 5, 164）。——法文G版注

60 阿波羅的和狄俄尼索斯的：這對概念在《悲劇的誕生》（一八七二）中提出。在出自八〇年代的遺著中，尼采自己曾扼要描述這兩個術語的內容：「『狄俄尼索斯的』這個詞表示：對於統一性的衝動，一種對個人，日常生活、社會、現實，對消亡之深淵的超越：進入更黑暗、更飽滿、更漂浮之狀態的激越和痛苦的充溢；一種對於生命之整體性格的，把它當作在一切變化中同樣者，同樣強大者和同樣幸福者的欣喜若狂的肯定；偉大的泛神論的同樂和同情，它們也歡迎生命那最可怕的和最可疑的特點，並使之神聖化；生育、多產、回歸的永恆意志；創造和毀滅之必要性的統一感——『阿波羅的』這個詞表示：對於完全的自爲，對於典型的『個性』，對於讓事物簡化，突出，變得強大、清晰、毫不含糊和成爲典型的一切的衝動：律令下的自由。」——Pütz版注

參見《悲劇的誕生》（一八七二）。在更下面的地方（p. 115注解1）所引用的片段之前，我們在W II 5（三月－四月，一八八八年）之中發現了大量關於《悲劇的誕生》的注解；它們被所謂的《權力意志》的編撰者在GA中重新採用，但僅僅是一部分，而且以一種很難讓人滿意的方式。我們可以在《遺稿》（一八八二－一八八八年）之中（我們所編輯的版本的VIII）發現它們的眞實形式。——法文G版注

61 權力意志：尼采哲學的中心概念，也是他自一八八五年起計畫的哲學主要著作《權力意志——重估一切價值的嘗試》的書名。對這部書的筆記和箴言由他的妹妹弗斯特－尼采（Elisabeth Förster-Nietzsche）編輯，部分

地篡改，以《權力意志——重估一切價值的嘗試》（一九〇五）爲書名出版。——對尼采來說，權力意志表示維持此在的手段，甚至全然是生成的表達形式。它與基督教對於彼岸的定位和對於生命的敵視形成對立，是「生命」的驅動力。——Pütz版注

62 §§10&11的最初的草稿：「〈le〉『狄俄尼索斯的』和〈l'〉『阿波羅的』〈之間〉的對立——兩者被理解爲兩種迷醉——意味著什麼呢？/後者首先讓眼睛保持激動，爲了使眼睛獲得幻覺之力/。前者則讓感性（sensibilité）的整體處於激動之中，以至它產生出改造、表象、形變之力，舞蹈家和演員的藝術……/本質的東西是形變之力：以便那被輕易表現出來的感覺能夠立刻眞實地持續下去……/音樂可以說只是對所有感受性（emotivité）的釋放的更爲豐富的表現所進行的一種抽象……表演症的一種殘渣/：人們中止了某些感覺，尤其是肌肉的感覺功能（至少相對如此）：於是，人不再模仿和表象他體驗到的一切……儘管如此，這種原初狀態其實是基本的狄俄尼索斯的普遍狀態：以其他的狄俄尼索斯的藝術形式爲代價，音樂是一種緩慢形成的強化/演員（也即舞蹈家、默劇演員）和音樂家是非常相近的，從根源上來說，是混合在一起的：然而被專門化，直至不再能相互理解/詩人是〈和〉音樂家聯合在一起的：從其本身來說，他們是一體的/建築師在其最爲令人信服和最爲大膽的形式中體現了一種偉大的〔效用〕意志。〈被表現於〉在偉大的線條中的一種靈魂的表現力……/狄俄尼索斯的迷醉包含了一切性徵和快感：它並不缺乏阿波羅的迷醉。在這兩種狀態之間還有一種速度（tempo）的差異……某些迷醉的感覺的極度平靜（更嚴格地說：情感在時間和空間上的減弱，最容易體現於對那些最爲平靜的精神性的動作和姿態的幻象中——古典藝術本質性地表現了此種平靜，此種簡化，此種縮略，此種集中……力量的最高情感集中於古典類型中。抵制遲緩：一種偉大的意識：

不是對於衝突的情感／：自然的迷醉……」（W II 5, 165）。——法文G版注

63 §§12&13：參見VIII, 11〔45〕。——法文G版注

64 愛默生（Ralph Waldo Emerson, 1803-1982）：美國哲學家和詩人。原先當過牧師，一八三二年棄職——受卡萊爾等人的激勵——轉向德國的先驗哲學。他鼓動美國獨立於歐洲的傳統，轉向自己的將來。——Pütz版注

65 「他〔……〕咀嚼」：引文出處不明。——Pütz版注

66 「我跟隨我自己」（yo me sucedo a mi mismo）：出處不明。——Pütz版注

67 維迦（Lopede Vega, 1562-1635）：西班牙作家，主要是戲劇家，也寫詩歌、史詩、中篇小說和長篇小說。——Pütz版注

68 「即使缺少力量〔……〕享樂依然值得讚揚」（Ut desint vires〔……〕tamen est laudanda voluptas）：對奧維德《黑海零簡》III, 4, 79中：Ut desint vires, tamen est laudanda voluntas（即使缺少力量，意志依然值得讚揚）的戲謔性模仿。——Pütz版注

69 達爾文（Charles Robert Darwin, 1809-1882）：英國自然科學家。他的進化論建立在由他發展的選擇學說上：動物和人類發展的基本條件，後代的易變性、遺傳、過量繁育，這讓一種篩選變得必要。其特徵最好地適應環境的生物，在「生存鬥爭」中獲得成功，其餘的走向滅絕。他的理論對生物學、精神史、政治學或意識形態具有重大影響。代表作是：《物種起源》（一八五九）。——Pütz版注

70 馬爾薩斯（Thomas Robert Malthus, 1766-1834）：英國社會學家。由於他的人口增長理論而聞名。根據這個理論，人類貧困的原因是，與食物生產比較，人口急速增長。根據他的「人口理論」，人口按幾何級數增

長，而食物數量由於不斷減少的土地收成增長數，僅按算術級數增加。——Pütz版注

71 「讓它們被拿走吧！〔……〕天國將留給我們」：出自路德的詩歌《我們的上帝是個堅固的城堡》。——Pütz版注

72 參見VIII, 11〔101〕。——法文G版注

73 「歌德和席勒」：指的是歌德和席勒之間的友誼，從一七九四年持續到一八〇五年（席勒逝世）。對此的明證是信件往來，他們共同編撰的《警句詩》，他們的敘事歌謠。尼采針對席勒的批評口吻可能是反對他的理性和理想主義。歌德作為「純眞的」詩人，表面上不假思索地模仿現實，接近原初的自然和世界。與歌德相反，席勒與自然的關係是破碎的。他更是一個「感傷的」詩人，不是透過對現實的簡單模仿，來達到表現一種和諧的整體，而是以反思的方式，嘗試去實現一個設想的理想（請參見席勒《論素樸的詩和感傷的詩》，一七九五—一七九六）。——Pütz版注

74 哈特曼（Eduard von Hartmann, 1842-1906）：哲學家，作爲「無意識哲學家」出名。他關於一種有活力的形而上學的理論，組成一種黑格爾和叔本華哲學的綜合，同時接受了謝林無意識的概念，萊布尼茨的個性理論和現代自然科學的現實主義的概念。他試圖從無意識出發解釋世界。這個無意識在「世界進程」中覺醒，把自己認識爲精神和理念。哈特曼可被視爲弗洛依德（Sigmund Freud, 1856-1939）的先驅。叔本華和哈特曼代表了悲觀的世界觀。根據這種世界觀，生命的目標在於克服生命的意志。尼采在此與哈特曼及其關於歷史的有規律進程的學說拉開距離。在《不合時宜的沉思》的第二篇（《歷史對於人生的利弊》，一八七四）中，尼采以尖刻和譏諷的語調，同哈特曼及其出自對歷史之過分強調的玩世不恭的末世哲學展開論爭。—Pütz版注

VIII, 11〔101〕中的異文。——法文G版注

75 在W II 6, 36中，在「現代性」和「頹廢」的欄目下。——法文G版注

76 在Mp XVII中的標題：「Aesthetica.／最基本的觀念：什麼是美，什麼是醜？」——法文G版注

77 「自在之美」：柏拉圖建立了美的學說。在他那裡，美作爲尺度以及和諧是美之理念的寫照。康德把美與有用、愉快和善分開。——Pütz版注

78 人性的、太人性的：尼采在他的論著《人性的、太人性的》（一八七八）中，否定一種理知世界的可能。隨著對因果關係的意識的出現，首先在德謨克利特（Demokrit，前四六〇—三七一）那裡，自由決定的美德消失不見。倘若尼采論及人性的、太人性的美，他以此否定美是絕對的價值，並且把這種價值視爲從屬於生命維持的一種表面目的。——Pütz版注

79 懷疑論者：懷疑論的擁護者。這是一種哲學流派，可以回溯到希臘哲學家皮朗（Pyrrhon，前三六〇—二七〇），曾把懷疑提升爲思維的原則。——Pütz版注

80 「啊，狄俄尼索斯〔……〕更長一些呢？」：阿里阿德涅曾在尼采著作中出現過多次。尼采曾借助她的嘴，說出神祕和荒謬的話。這個形象的意義在研究中是有爭議的。其中的一個猜測看來較易理解，即這牽涉到尼采非常愛戴的柯西瑪·華格納的一個化名。他曾在一八八九年寫過一張便條給她：「阿里阿德涅，我愛你！狄俄尼索斯。」對阿里阿德涅耳朵的提及，看來指向尼采對他自己的耳朵的驕傲。由此可以得出的結論是，阿里阿德涅形象指的是他自己（參見波達赫〔E. F. Podach〕：《尼采筆記概觀。一項創作分析的研究》，海德堡一九六三，一一五—一二八頁）。——Pütz版注

參見PBM 295以及VIII 9〔115〕：「插入：Thésée、狄俄尼索斯和阿里阿德涅之間的簡短對話」（W II 1, 52, 一八八七年末）。——法文G版注

81 審美判斷：康德在《純粹理性批判》（一七八一）中把判斷確定爲表象內容與意識之統一的連接點；它把個別現象歸納到普遍概念之下。審美的或者鑑別的判斷，根據興趣或者反感的主觀標準來決定對象，而不是根據其客觀的性質（參見《判斷力批判》，一七九〇）。——Pütz版注

82 「所有藝術哲學都存於此種憎恨之中」（W II 7, 134）。——法文G版注

83 「生命意志」：叔本華引文，比如出自《作爲意志和表象的世界》第四篇§54。——Pütz版注

84 「意志」：叔本華哲學的中心概念：意志是「自在之物、內在的內容、世界的本質；生命〔是〕可見的世界，是現象，不過只是意志的鏡子」（《作爲意志和表象的世界》，II，第四篇，§53。也請參見第二篇）。——Pütz版注

85 「拯救」：《舊約》和《新約》中的重要概念。在《舊約》裡，是上帝對以色列和個別虔誠者的解救的行動，在《新約》中，與耶穌和他那意味著對人類赦罪的十字架之死相關。在哲學中，拯救思想在叔本華那裡具有重要意義。他在佛教含義中，把對於生命意志的徹底否定，理解爲通向眞正解脫的「拯救」之路（參見《作爲意志和表象的世界》，II，特別是第四篇，§68）。——Pütz版注

86 「意志的焦點」：參見《作爲意志和表象的世界》，第二篇和第四篇。——Pütz版注

87 神聖的柏拉圖：參見《根據充分律的四重根》第一章，§1（《方法》）以及《作爲意志和表象的世界》，第一版序，德累斯頓，一八一八年八月。——Pütz版注

88 所有的美，刺激〔……〕：柏拉圖，《會飲篇》，206b-d。——Pütz版注

89 不會有柏拉圖的哲學〔……〕土壤裡：柏拉圖，《費德羅篇》，249c-256e。——Pütz版注

90 奇人（wunderlicher Heiliger）：諺語式，根據路德《詩篇》（4，4）的翻譯：「看見吧，耶和華奇特地引導他的聖者。」「奇特」（wunderlich）代表「奇妙」（wanderbar）。——Pütz版注

91 史賓諾莎（Baruchde Spinoza, 1632-1677）：哲學家。繼承笛卡兒，在他的主要著作《倫理學》中提出現代理性主義的思想：只有數學思想的方法才導向眞理。與笛卡兒相似，他把實體定義爲唯一的存在者。廣延和思維是無限的實體的樣式。個體的理性認識導致對存在、實體即上帝的認識。——Pütz版注

92 希臘式競賽（agonalen Gymnastik）：在古希臘，競賽組成文化生活中一個不可或缺的組成部分。被組織的有體育的、精神和藝術的、賽馬體育的競賽，部分地定期輪回，部分地出於特殊的原因。——Pütz版注

93 古典法國的〔……〕文學：十七世紀主要以高乃依（Corneille, 1616-1684）、莫里哀（Moliére, 1622-1673）、拉辛（Racine, 1639-1699）爲代表的文學。這個文學以亞里斯多德的形式理想爲準則，處理古代題材。主要以可能性（vraisemblance）、適當性（bienséance）和合理性（raison）爲典範。——Pütz版注

94 殷勤（Galanterie）：特別是面對女人的殷勤舉止。根據孟得斯鳩（Montesquieu, 1689-1755）的「愛情那欺騙性的假象，目的在於尋求好感」。——Pütz版注

95 參見VIII, 9〔119〕（從中被不恰當地抽取出了《權力意志》的格言883）。——法文G版注

96 爲藝術而藝術（L'art pour l'art）：這個成爲口號的句子由法國哲學家和政治家庫辛（Victor Cousin, 1792-1867）一八一八年在他關於哲學的講演（一八三六年在巴黎出版）裡提出。詩人戈蒂埃（Théophile Gautier,

1811-1872）在他小說《模斑小姐》（一八三五）的前言中，要求一種無目的、不受外界（政治的，道德和宗教的）原因和目的影響、易懂和有自身規律的藝術。這種藝術應該作爲自我目的僅僅產生自美的觀念。尼采在下面附和這句名言，一方面針對藝術中的「道德傾向」，另一方面他不願看到藝術被評價爲「完全無目的、無目標、無意義」。這個尤其在文學創作中（比如波特萊爾、福樓拜、王爾德、格奧爾格）不斷地被提出和得到繼續發展的要求，以後在其過度發展中，在很大程度上成爲純粹審美的形式遊戲。——Pütz版注

97 藝術〔……〕興奮劑：尼采在這裡重新續上他曾在一八七二年的處女作中表達的思想：「只有作爲一種審美現象，此在和世界才顯得有充分理由」（《悲劇的誕生》，§ 24）。——Pütz版注

98 「棄絕意志」〔……〕悲劇的最大功利：叔本華在其主要著作中詳細地探討了悲劇的目標和目的，確定了它與藝術和生命的關係（參見《作爲意志和表象的世界》，I，第三篇，§ 51）。——Pütz版注

99 農神節（Saturnalien）：古羅馬對〔農神〕薩杜恩（Saturn）表示紀念的節慶，每年的十二月十七日舉行。屬於節日風俗的有取消等級差異，主人服侍僕人，互贈禮物以及公開的和私下的狂飲歡宴。——Pütz版注

100 在悲劇面前〔……〕殘酷之酒：這段話語在詞語選擇和思想內容上讓人想起尼采在《悲劇的誕生》（一八七二）中的表述。他曾把悲劇在希臘人那裡的形成，不是解釋爲人類弱點的結果，而是解釋爲強大和力量的一個標誌。來自「最好、最強大、最勇敢的時代」的希臘人，不是出於對滅亡的「恐懼」而閉上眼睛，抱怨他們的此在，而是爲了有意識地掌握他們的生命而創作了悲劇這個藝術形式，以說明「世界之此在〔作爲〕審美現象」的理由。——Pütz版注

101 參見VIII, 9〔119〕。——法文G版注

102 參見VIII, 11〔59〕。——法文G版注

103 「這幅畫漂亮得令人心醉！」：莫札特（Wolfgang Amadeus Mozart, 1756-1791）譜曲的歌劇《魔笛》（I, 4）中塔米諾（Tamino）的話。——Pütz版注

104 「我將看自己〔……〕我有這麼多的精神？」（je me verrai, je me lirai, je m'extasierai et je dirai: Possible, que j'aie eu tant d'esprit?）：出自義大利國民經濟學家和作家加利亞尼（Ferdiando Galiani, 1728-1787）一七六九年九月十八日給他的朋友埃佩奈夫人（Madame d'Épinay）的信。加利亞尼在信中對此表達了他的喜悅之情，因爲他的一些論著得到出版。——Pütz版注

105 參見VIII, 10〔143〕。——法文G版注

106 博士考試（Doktor-Promotion）：尼采這裡指的是一種（口頭）考試（Rigorosum），大多在獲取博士學位的書面（家庭）作業（博士論文）完成後進行。——Pütz版注

107 責任的概念：暗指康德。針對「傾向」，他把「責任」理解爲人的被感召，即在某種無外界影響的情況下——一方面沒有對獎勵的指望，或另一方面也沒有對懲罰的恐懼——人們得履行或者放棄的責任。比如康德在其《道德形而上學的奠基》（一七八五）中這麼說：「……我那出自對實踐法則之純粹尊重的行爲的必然性，就是構成責任的東西，而任何別的動因都得讓路，因爲責任是一種善的意志自身的條件，而這種意志的價值超越一切」（科學院版，第四卷，第一段，四〇三頁）。——Pütz版注

108 作爲自在之物〔……〕現象：尼采把康德主要著作《純粹理性批判》中對「自在之物」（據此物體被思考爲不依賴主體的認識條件，但不能被認識）和「現象」（被理解爲由人的直觀形式——空間和時間——和知性

範疇所決定的經驗的現實）的區別，用到了絕對地完美的國家官員的想像的可能性，和相對地不完美的國家官員的現實上，而前者（儘管或者恰恰因爲他只是一種假想，亦即「不可能」）應該作爲後者的典範產生作用，不過其目標是，讓不可能成爲可能。——Pütz版注

109 「野蠻的衝動已經安睡」：參見歌德《浮士德》第一部，一七七八詩行：「我離開田野村路，/那裡暮色已經降臨，/它以不祥和神聖的恐怖/喚醒我們善良的靈魂。/野蠻的衝動已經安睡/伴隨著所有狂暴的行動，/仁愛之心搏動而起，/上帝之愛也振奮湧動。」——Pütz版注

110 參見VIII, 11〔79〕；普魯塔克（Plutarque）《凱撒》17；尼采於一八八八年二月寫給Gast的信。——法文G版注

111 尤利烏斯·凱撒（Gaius Julius Caesar，前一〇〇—四四）：羅馬政治家和將軍。有過成功的戰役和行省管理經歷之後，他成爲終生的「大將軍」、「祖國之父」和「獨裁官」。西元前四十四年三月十五日，他被布魯圖（Brutus）和卡修斯（Cassius）刺殺。——Pütz版注

112 尤利烏斯·凱撒〔……〕操勞：一八八八年二月十三日，尼采在給彼得·加斯特的一封信中，透露出他的出處：「我在普魯塔克（Plutarch）那裡發現，凱撒用什麼辦法治療疾病和頭痛：長途行軍、最簡單的生活方式、不間斷地在戶外逗留、操勞〔……〕。」普魯塔克自己報告說，凱撒「不顧體質虛弱，承擔了所有的操勞事，儘管患頭痛病和癲癇，以及因爲他的病弱應該善自保重；相反地，他試圖透過戰爭生活治療這些疾病，用長途行軍、簡單的飲食、經常在戶外逗留和操勞來對抗病痛，由此磨練他的身體」（普魯塔克，《羅馬的英雄生活》，威廉·阿克斯編，萊比錫，一九三四，三一六頁）。——Pütz版注

113 這些段落是尼采在修改CI的校樣的期間所增加的。§§32-35是取自一份WII6中的篇幅更大的複本，後者是尼采於一八八八年四月初動筆的。這個版本由六段組成：第六段不完整，因爲緊接其後的一頁被扯掉（被尼采？）。複本的前兩段構成了AC的§2&3，其他四段則構成了CI（「諺語」〔Divagations〕）的§§32-35。緊接其後，尼采（同樣是在筆記本WII6中）寫下了一段格言，標題爲「爲自殺、『自願死亡』正名」，它成爲「諺語」的§36（緊隨另外兩個片段，一個是關於禁止慢性病人進行生育，另一個是關於禁止賣淫：前一個成爲《權力意志》的格言734，另一個則相反，爲這個選集的編者所視而不見）。§37是尼采從一些仍然是片段性的筆記中抽取出的，這些筆記本來是他準備留給《重估一切價值》的第二部（根據一八八八年九月的計畫）或第三部（根據一八八八年十月的計畫）的，標題爲「非道德主義者」。「諺語」的§32的標題（「非道德主義者發話」）讓我們假設尼采曾想要把「諺語」中的§§32-37用在《非道德主義者》之中，並直到修改CI的校樣的時候（一八八八年十月）才放棄了這個想法。§§38-39來自WII6的另一份複本，後者由六小段構成，總的標題爲「現代性。/指南/一個未來的人。」§§40-44則是由尼采從之前的一些彼此之間無聯繫的片段中所寫成的。——法文G版注

114 「利他的」：「與別人有關的」；其對立面是「利己的」、「與自己有關的」。尼采在此暗指基督教教義，屬於其最重要要求的，有「博愛」（「愛你的鄰人如同愛你自己」），而尼采把這當成弱點，作否定的闡釋。——Pütz版注

115 「無利害感的」動機：尼采的表述包含對康德的批評。後者在其《判斷力批判》（一七九〇）中，把決定審美判斷的「快感」定義爲「完全無利害感」。對康德來說，「那個關於美的判斷，只要夾雜著極少的利害感

在裡面，就會非常不公正，而且不是純粹的審美判斷」（科學院版，第五卷，§2，205頁）；而就尼采看來，恰恰這個無利害感是蛻化和軟弱的表現和標誌。相反地，出於愛好或者自私自利（也就是出於偏愛），有意識地贊同或者反對什麼，這是強大和活力的標誌。——Pütz版注

116 筆記本WII6, 142-136中的複本（尼采從中寫成§§32-35）包含以下文本：

「什麼是善？所有那些在人身上激起權力的情感、權力意志以及權力自身的東西。什麼是惡？所有那些來自虛弱者的東西。什麼是快樂？來自權力增強的情感，來自一種抵抗被克服的情感。不要滿足，而要擁有更多的權力；不要和平，而要更多的戰爭；不要德性，而要價值。虛弱者和失敗者滅亡！這就是社會的首要原則。——甚至應該幫助他們滅亡。是什麼比種種罪行更爲有害？對於失敗者和虛弱者的同情——基督教。」

「我在這裡所提出的問題不是去認識什麼應該在存在的演進序列中取代人類的位置，而毋寧說是那應該培養、應該嚮往的人的類型，作爲最珍貴、最高貴的生命，作爲一個未來的最可靠的保證。這種最高類型的價值往往是已經存在了：但卻是以幸運的、偶然性的名義，以例外的名義，——從來都不是因爲被嚮往。反而，人們最最害怕的正是它。直到現在，它幾乎是人們所害怕的唯一事物：而正是它所激起的恐懼才最終導向了對於一種相反類型的人的嚮往、培養和獲得（obtenir）：馴養的動物、群棲的動物，『要求平等權力』的動物，此種虛弱的人類動物——基督徒……」（參見AC, §§2-3，形式上有所變化）（N. D. T.）。

「沒有什麼比人更不合一個哲學家的品味了，每當他處於欲望的狀態中。如果他僅僅從人所做的事情去觀察他，如果他去觀察這種極端大膽、持久和狡猾的動物如何面臨錯綜複雜的絕望情形，那麼，人會向他體現出何等令人讚歎的尊嚴！然而，哲學家蔑視人，因爲他在希望、他被希望——整體而言，所有那些被人評價爲

『應被希望』之物，所有那些人的理想。如果一個哲學家成爲一個虛無主義者，那僅僅是因爲他在所有人的理想之後發現了虛無（néant）——或正確地說，甚至都不是虛無，而是空無（nullité），是荒謬、卑微、軟弱、平淡的呆板、意志薄弱、疲倦，所有那些生命枯竭的殘渣敗類……人，作爲現實性是如此的令人讚歎，怎麼會每當處於欲望的狀態時就只能激起如此微薄的敬意呢？是否他必須要在虛構的領域中來補償那些他的行動所需要的意志和精神的緊張狀態呢（透過一種缺乏精神和意志的懦弱的卑微）？人類的願望的歷史就是人的歷史的不光彩的部分〔原文爲法文〕。其理想的緩慢實現甚至會導致對於人的厭惡。然而，其現實性爲他並永遠將爲他辯護：因爲眞實的人，要比所有那些被欲望、被夢想、被馴服以及被捏造出來的人（那些無論何種理想的人）具有無限高的價值。並且，對於我們這些另外的人，哲學家們，只有『理想的人』是和我們的品味相悖的。」

「從生理上來說，利己主義和利己主義者具有同等價值。從道德上來看，所有的個體都不僅僅是從其誕生起才存在的：而是至今爲止一整條進化譜系的產物。如果他代表了人類譜系的上升趨勢，那麼，他的價值無疑是非常巨大的。確保和促進其增長，這就合情合理地成爲最爲強烈的憂慮（這是對於人的未來的憂慮，而他體現了對於此種未來的承諾，這個承諾賦予完善類型之中的個體一種如此特別的利己主義的權力）。如果他所代表的是衰落的演化趨勢、頹廢、慢性病（這些疾病，整體而言，是衰落的惡果，而不是其起因），他就沒什麼價值，而且他只能從那些代表完善種類的個體那裡索取最少數量的事物，以及盡可能少的空間、力量和陽光。在一個這樣的情形之中，一個動物隱藏於其洞穴。出於責任，社會不得不壓制利己主義（它往往呈現爲荒謬的、病態的、破壞性的），它與陷入衰敗的群體中的個體乃至其整體相關。一種『愛』的、人性的、自我克制的、忍耐的、持久的、互助的、話語與行動的相互協調的教義或宗教，在這樣的群體內部，會〈具有〉最高的價值，而即使從強者的觀者來看也是如此：因爲它把對抗、嫉妒和怨恨的情緒（這些情緒在被遺棄者那裡是太過自然的了！）；正是爲了他們，這種宗教以神聖和德性的名義讚美貧窮、疾病和卑微。這不僅僅是強者的技巧，這也是他們的眞正的智慧，這種智慧在這些階層中維持著對於無私、『卑賤者的福音』、『十字架上的上帝』的崇拜：透過這些手段，他們反抗著那些遭受痛苦者的邪惡本能，反抗著人們所不能容許的利己主義。一個病人、一個頹廢的產物，是無權享有利己主義的。」

「當社會主義者，頹廢階層的代言人，以一種崇高的憤怒要求『權利』、『正義』和『平等權』的時候，他只是在他所歸屬的貧乏的文化的壓力之下才這樣做的，他不知道爲何遭到痛苦以及實際上遭受何種痛苦。從另一個角度說，他因而也使自己從中作樂：這個可憐的傢伙所會做的最好的事情，就是喊叫。如果他處於一個較好的生理狀態，就沒有理由喊叫：那他肯定會從別處獲得樂子。怨天尤人在任何場合都無用：它源自軟弱。一個人把自己糟糕的處境歸咎於別人或者歸咎於自己本身——比如社會主義者取前面的做法，基督徒取後面的做法——，這其實並無差別。在這兩種情形中，如果痛苦的人在受苦，那絕對必然是某人的過錯……最後，即使是基督徒在對於原因的探尋中也並未局限於其自身：作爲causa et ratio而被歸屬於其苦惱的『罪』的觀念並不足以宣洩其憤懣。他譴責、誹謗和汙蔑『世界』，這和那些咒罵社會、既定的秩序以及社會等級置於人與人之間的差距的社會主義者的精神狀態是相同的。基督徒並不想作爲例外：這要比那些社會主義者的品味要更好，後者已經喊叫得疲倦了：『只有我們才是善的和正義的！』然而，在這兩種情形中，我們最好不要太認眞對待這樣的一聲喊叫。更準確地說，我們倒應該想到，是生理上的衰退（而不是什麼非正義）

在朝著天空喊叫：基督徒的『罪』，社會主義者的不滿，只是受苦者的誤解，對於他們，不幸地是我們什麼也做不了。準確說來，我們可以幫助他們：不過，這類人太過膽怯，以至於無法接受幫助……」

「在我們發現一種利他主義的評價模式占優勢的地方，它都表現了那些自認爲失敗者的普遍本能。此種價值判斷，從其最深的根源上來說，無非意味著：『我沒什麼價值』：也就是說肌肉、神經和centres moteurs的衰竭、無力，缺乏強烈的、充滿活力的、肯定性的情感。這種價值判斷體現於一種宗教的或道德的判斷中：總起說來，宗教或道德價值的主導地位就是低等文化的象徵。其中所發生的，正是這些價值的生理上的情感試圖從這樣一些領域出發來自我辯護，在這些領域之中，對於價值的觀念本身能夠爲這些處於退化中的存在所理解。信奉基督教的『有罪者』藉以理解其自身的那種解釋，並不是一種想要爲力量和信心的缺乏做辯護的意圖：他更想要自覺有罪，而不是不知爲何感覺不適（野蠻人，懷著對於因果性解釋的饑渴，不加區分地吞下那些好的和壞的原因）——從其自身來說，它是一種衰敗的象徵，它需要一種基督徒式的解釋。——在其他的情形中，我們已經見到過此種解釋，它不是在其自身的罪惡中去探尋原因，而是在社會中：社會主義者、無政府主義者、虛無主義者，把其存在視作某人應該對其承擔責任之物，因而和基督徒擁有最近的親緣關係（在另外一處，我談到基督徒、賤民、病人、窮人以及白痴之間在本能上的深刻一致性）——我們相信更能夠接受自感犯錯或失敗的事實（更清楚的說，也即虛弱的狀態對於充滿活力的狀態的支配地位），如果某人……」（下一頁已被扯掉）。——法文G版注

117 「意志和表象」：影射叔本華的主要著作《作爲意志和表象的世界》（二卷，一八一九）。倘若我們繼續尼采的思緒——即「像叔本華那樣」「否定生命」是不合適的，相反地，人們得「首先否定叔本華」——，我

們可以得出結論，透過對叔本華的這個否定，也就是說透過對他的悲觀主義的駁斥，生命——在尼采的意義中——受到了肯定。——Pütz版注

118 WII6,134中的異文：「爲自殺和『自願死亡』正名」。

「病人是社會的寄生蟲。一旦達到了某種狀態，他就不應該再活下去、不應該病態地活著。繼續荒唐地依靠著醫生和醫療苟活下去，這該受到社會的深深鄙視。醫生始終應該有勇氣讓他的病人感受到此種鄙視。創造一種新的責任，醫生的責任，在所有那些爲了社會的最高利益必須對於個體進行無情控制的情形中，——比如，涉及婚姻的情形。當不再能夠驕傲地活著時，就應該驕傲地去死。自願選擇的死，開朗而愉快，在朋友和證人之中實行，就有可能眞正的告別，同時能對已實現的成就和意願進行一次眞正的評價，對生命作一次總結；——不是這個濫用死亡來對人及其生命的價值進行判斷這一可憐又殘酷的方式，基督教會正是因此而永遠獲得了一種可恥的名聲。對於死亡的正確的、亦即生理上的評價：這不是別的，正是自殺（人只能死於其自身），不過，在最可鄙之條件下的死，一次非自由的死、一次非適時的死，是一種懦夫的死亡。出於對生命的愛，——，一個人應該大膽地、有意識地、以強烈的情感去渴望死亡……我們無法阻止自己的出生：但我們能把這個錯誤重新糾正。——要是一個人清除自己，就做了世上最值得尊敬的事，——社會由此獲取的利益，要比在斷念，貧苦和自我蔑視中的隨便什麼生活多得多，後者就像是帕斯卡的生命（治療悲觀主義的唯一良方：消滅悲觀主義者先生。每個人都能爲此作出貢獻。我相信帕斯卡的自我反駁要比他對於基督教和『帕斯卡主義』的辯護更有價值……）」。

「悲觀主義是傳染性的：就像霍亂，它侵襲那些病態的體質，而後者事實上已經是不可救藥的了……」——

法文G版注

119 「善惡的彼岸」：尼采在此暗指自己一八八六年的同名著作。他在此書中故意不在一種基督教——轉世論的意義中理解這個彼岸，作爲值得追求的、塵世的此岸的對稱，而是作爲一種尚可達到的狀態，而這種狀態應透過對其對立的容忍、揚棄善與惡的兩極。——Pütz版注

120 博爾吉亞（Cesare Borgia, 1474-1507）：義大利樞機主教和大主教。曾起決定性作用地投身於他那個時代的政治鬥爭，透過廢除許多封建和城市統治制度，爲教會國家的新格局做了準備。在馬基雅維利的《君主論》中，他代表了具有典範作用的統治者。——Pütz版注

121 「更高尚的人」〔……〕超人：尼采這裡暗指至少從他的代表作《查拉圖斯特拉如是說》（一八八三—一八八五）起，不斷被他探討的一個主要思想（也在《善惡的彼岸》）。超人被理解爲更高級和更完善的人類的化身。他透過感性和知性的豐富的可能性而出眾。——Pütz版注

122 《聯邦報》的瑞士編輯：《聯邦報》作爲自由思想和民主的報紙於一八五〇年創辦，每天出兩版。提及的「瑞士編輯」牽涉到維德曼（Joseph Viktor Widmann, 1842-1911）。作爲文學副刊的主任，他於一八八六年曾對尼采的書《善惡的彼岸》寫過書評。——Pütz版注

123 在開始的部分，尼采利用了爲上面提到過的「前言」所作的筆記，日期爲「Sils-Maria, 一八八八年九月初」。——法文G版注

124 習俗的輕柔化〔……〕堅強的時代〔……〕可鄙之事：尼采在這裡回憶起他曾在《悲劇的誕生》（一八七二）中詳細展開的表述和思想。他的出發點是被描寫爲「最好、最強大、最勇敢時代」（《自我批

評的嘗試》，I）的典範和寫照的古希臘人。他討論了隨著時間的推移，文化那不斷加速的沒落和衰頹，而這種文化同時在近代達其最低點，不過也可能——無論如何根據尼采當時的推測——在華格納的音樂裡和透過華格納的音樂，找到一個新的開端。——Pütz版注

125 平等〔……〕「平等權利」：尼采在此回憶起他在其他地方詳細表述過的思考；比如在《敵基督》（一八八八年寫就，一八九四年出版）中：「『人人平等』之學說的毒藥——這是由基督教最基本播撒的；基督教對人與人之間的每種敬畏和距離感，也就是說對文化每次提高和每次增長的前提，從卑劣本能的祕密角落出發，宣布了一場殊死之戰——它給自己打造了主要武器，以對付我們、對付塵世上的一切高貴、快樂、豁達，對付我們在塵世上的幸福〔……〕」（§43）。——Pütz版注

126 距離的激情：在《道德的譜系》（一八八七）中，這個概念對尼采的高貴意向，有著重要意義。與距離的激情相對的，是被他否定的平等的倫理。他想用受難能力代替基督教的同情，想用人的高貴的等級去衡量這種受難能力的程度（參見《道德的譜系》，第一篇，§2）。——Pütz版注

127 史賓塞（Herbert Spencer, 1820-1903）：英國哲學家和社會學家。早於達爾文，以進化論確定宇宙間的物理、倫理、社會和宗教的特點。此時，道德是在此之爭中的適應現象。人的意志以自我和族類保存爲指向，而此刻第一原理（欲望原理）面對第二原理（同情原理）具有優勢。既在社會的和諧，也在利己主義和利他主義意義中推動生命的，就是善。——Pütz版注

128 畜群動物化：尼采在這裡批評（已經在語言上）這樣的現象，即個體被納入和統一到（或者如他在《悲劇的誕生》中說的：「調整到」）得到否定評價的牲畜「群體」中，因爲個體以他的個性和主體性爲代價被一體

化，由此那對尼采來說生機勃勃的矛盾的正面對抗，或被削弱、或被清除。——Pütz版注

129 在《人性的、太人性的》：這本一八七八年出版的書副標題是《一本獻給自由英才的書》。尼采在第一卷中表達了下面的思想：「〔……〕國家衰落和國家死亡〔……〕是民主的國家概念的後果：這就是它的使命」；或者：「現代民主是國家衰落的歷史形式」（第一卷，§472）。——Pütz版注

130 俄國〔……〕德意志帝國：俄國（大約自十五世紀起）或多或少持續地擴張，作爲政治和軍事大國穩定了自己的地位，其統治人物爲沙皇，具有幾乎是毫無限制的權力；而此時（西部）歐洲的國家——就我國的地理擴張而言——以其相對來說有限的領土，僅僅顯示爲「小國」。德意志的國家經過一八七一年的帝國建立，才合併爲德意志帝國。——Pütz版注

131 （§§38-39），下面是《偶像的黃昏》修訂之前的第一版，根據筆記本WII6,34-35；32-33；30：

現代性。

一個未來的人的指南。

1

「一件事物的價值並不在於人們以它獲得什麼，而在於爲它付出什麼，——它讓我們花費了什麼。我舉一個例子。

2

自由主義的機構一旦達到了目的，就成爲對於自由最糟糕的和最根本的障礙——它們削弱了權力意志，它們成爲有組織的怠惰和均整化：它們恢復了懦弱、疲倦和享受；它們導致了群畜的統治的開始。相反地，只要

這樣的機構還被努力爭取，也即，只要那些引發大規模戰爭的反自由的本能的統治仍在持續，那麼，確實，自由就既在其支持者也在其反對者中得到有力的推進。自由，就是一個人具有自我負責的意志。就是人緊守分開我們的距離，就是一個人對勞累、匱乏、痛苦，甚至對生與死變得更加漠然，就是男性的、攻擊性的、好戰和好勝的本能支配其他本能，比如支配無論何種在小商販、女人、母牛和基督徒的意義上的『幸福』：對與這種所謂的『幸福』。

3

在個人如同在社會，自由是根據必須克服的阻力（以便保持在上之地位）的程度來衡量的：確實，自由被視作一種積極的力、視作權力意志。這樣，統治權的最高形式就最有可能在離其對立者咫尺之遙的地方獲得發展，在那裡，奴役的危險是最爲迫近的。我們應該從這個角度來審視歷史：那些個體成熟到完善的程度、也即成爲自由的人的時期，那些統治者的典範類型被實現的時期，也正是歷史中那些最嚴酷、最不公正、最反自由的時期。

4

應該別無選擇：要麼是上面，要麼是下面，就像是一條蠕蟲，被嘲弄、被貶到一錢不值、被踐踏。人們必須對自身施行專制，各種類型的專制——它的條件、機構、敵手和自身的本能：只有這樣才能夠達到『自由』的公理，即勇敢、確信、奢華和靈性。這對於羅馬和威尼斯類型的貴族社會——那些有史以來培育堅強和最堅強類型的人的碩大溫室——同樣具有價值：所有的人都把肯定自由作爲必須不斷努力去爭取的東西。

5

那種遭到最深刻抨擊的事物，正是傳統的本能和意志。所有那些誕生自此種本能中的機構都是和現代精神的品味相悖的……實際上，我們所說所作的，無一不是爲了以某種方式來根除傳統的此種意義。人們把傳統視作一種命運；人們研究它，認識它（比如，作爲『遺產』），——然而，人們並不想要它。那種在漫長的時間跨度之中延伸的意志，那種爲決定未來的世紀而對於情境和評價所作出的選擇，這些都是最爲反現代的。由此就導致我們的時代的特徵來自於其混亂的原則。這是一個頹廢的時代。

6

我們的機構已毫無用處，不過責任不在他們，而在我們，因爲我們已經失去了從中產生機構的所有本能：傳統、權威、最高責任和世代相聯的團結的意志。既然我們已經不再有那些創造機構的本能，人們就不再能夠把現存機構所體現的東西、爲了我們所體現的東西視作一種益處：人們寧可把它視作拘束、荒謬、浪費和暴政。比如，很明顯，現代婚姻顯然已失去所有的理性：但這給出的異議並非針對婚姻，而是針對現代性……婚姻的理性，——它基於男人法律上的單獨負責（——婚姻由此就有它的重心，而今天它卻『兩腳』跛行）。婚姻的理性，——它基於其原則上的不可解體性；基於家庭所承擔的對選擇配偶的責任。隨著有利於愛情婚姻的不斷增長的寬容，人們簡直清除了婚姻的基礎，那是首先把婚姻弄成一個機構的東西——人們絕對不會在一種特異反應性（idiosyncrasie）的基礎上建立一個機構！……人們不會把婚姻，如前所說，建立在『愛情』上，人們把〈它〉建立在性本能、財產本能（女人和孩子作爲財產）之上；人們把它建立在統治本能的基礎上，而這種衝動不斷地組織統治的最小形態，家庭，爲了透過它來對最高的『單位』，國家，施加影響；此種統治的本能還需要孩子和繼承人，爲了權力、財富和影響的已經獲得的總量，從而超越於個體存在的風險之上，也正是出於此種目的，它還需要國家的保障，並因而需要一種有保障的國家。家庭，作爲權力意志的通常形式，已經意味著人們已經肯定了國家。」——法文G版注

132 參見VIII, 11〔60〕。——法文G版注

133 工人問題：尼采以這個自帝國成立成爲口號的概念，暗指產生自帝國憲法的社會政治問題。在這個憲法中，最強大的社會群體，即工人階級，與他們的「巨大數字」相比，只獲得很少的政治權力。儘管根據帝國憲法，所有德國人在法律面前是平等的，工人也獲得了帝國議會的選舉權，但他們無法和其他社會階層（貴族，資產階級）一樣，以同樣的影響力維護自己的根本利益，原因是，由於國家的限制，結盟非常困難。即使在軍事領域，（起先）貴族和（以後）資產階級占據了最重要的職位；工人一般只在下層級別中服役。——Pütz版注

134 「自由，我指的不是它……」：參見申肯多夫（Max von Schenkendorf, 1783-1817）的詩歌《自由》（一八一三）的首行。其第一段是：「自由，我指的是它/它充滿我的心裡，/降臨吧！帶著你的光環，/可愛的天使之像。」——Pütz版注

135 放任（laisseraller）：這句名言是十九世紀自由主義經濟政策的著名口號。——Pütz版注

136 實踐理性的眞理：這裡，尼采在概念和思想上聯繫康德「實踐理性」的定義。這種理性由習俗的願望規定，假設觀念，以便讓意願和行動同習俗法則的統一，成爲有意義。雖然如此，尼采提出一個自己的闡釋來對抗它，以此把康德的定義倒轉過來，或者使它反對這個定義自身。他含蓄地指責這個定義，帶著（事先）規定

的意圖行動，而這種意圖不再或者至少不僅僅通過習俗證明自己的理由，由此從根本上來說，不能證明自己（僅僅）是符合習俗的。——Pütz版注

137 普洛克斯路斯忒斯之床：巨人普洛克斯路斯忒斯（Prokruste）把落到他手中的矮個子放到一張大床上，把他們的腿伸長；把高個子放到一張小床上，透過砍掉他們的腳，把他們截短。普洛克斯路斯忒斯後來被忒修斯（Theseus）征服。「普洛克斯路斯忒斯之床」成了描寫一種強制情狀的諺語，或者描寫一種模式：某事物被人強行塞進一個模式。——Pütz版注

138 一切事物的蟹行：蟹行（Krebsgang）這個術語出自音樂研究，描述逆行地讀一個曲調或者複調的方式，並在樂曲結構上對此進行運用。蟹行在文學方面的範例，可以在那些被逆行地閱讀時，也能產生一個意義（比如Leben，生命；Nebel，霧氣）的句子或單詞中找到。尼采在此使用這個術語，向不是關注進步、而更是關注後退的黨派展開論戰。——Pütz版注

139 偉大的男人〔……〕：尼采在他身後、即一九〇八年發表的自傳體論著《瞧這個人》中表達過類似的思想。而這些表述指的是他自己。他這麼寫道：「那些較高尚的人，其起源可以回溯到無限遠的過去，他們身上必定是最長久地得到蒐集、儲存和累積」（《我爲什麼這樣智慧》，3）。——Pütz版注

140 參見EH「爲何我如此智慧」，§3（新版）：「最高的本質具有一種無限回溯的本源：爲了它們的誕生，必須以最長的時間來進行蒐集、保持和累積。」——法文G版注

141 環境的理論：環境理論斷言，每個人和每個社會的發展由環境及其條件所決定，而不是由遺傳的素質或者人類意志的自由。在十九世紀，環境理論主要由法國哲學家孔德（Auguste Comte, 1798-1857）和法國歷史學家

泰納（Hippolyte Taine, 1828-1893）代表。孔德懷有這樣的想法，即一種生靈的需求和他的環境條件能和諧地互相適應。而對泰納來講，環境對人類生活的決定性功能占據主導地位。——Pütz版注

142 在Mp XVI 4中，此處添加了一段被刪除的話：「這裡，民主的偏見只能把偉人當作人民的工具和玩偶；或，卡萊爾的偏見〔宗教的解釋〕代表了英國的基督教並從基督教的觀念出發來造就天才和英雄。」——法文G版注

143 巴克爾（Henry Buckle, 1821-1862）：英國文化史家；以實證主義的方式，嘗試爲歷史發展建立自然科學的精確的法則。作爲他的代表作，是未完成的遺著《英國文化史》，兩卷（一八五七—一八六一）；里特爾（J. H. Ritter）德譯，一九〇〇年第二版。——Pütz版注

144 杜斯妥也夫斯基：尼采這裡大概指的是他的《死屋手記》（一八六〇—一八六二）。他曾由於叛逆罪被判死刑，臨刑前受赦免，改判在西伯利亞服受四年監禁。他在監禁營裡報導這次監禁和生活狀況。一八八七年二月十三日，在給彼得·加斯特的一封信中，尼采這樣描述這個俄國作家：「您知道杜斯妥也夫斯基嗎？除了斯丹達爾，還從未有人給我帶來如此多的愉快和驚喜：一個『我所理解的』心理學家。」——Pütz版注

145 斯丹達爾（Stendhals，眞名Henri Beyle, 1783-1842）：法國作家。斯丹達爾的作品包括自我描述、散文、遊記和小說。與之後的尼采一樣，斯丹達爾也在其小說和論著中談論「較高級的人」（homme supérieur），把拿破崙看作這方面的原型和典範（一八七六年出版《拿破崙傳》），同樣也在被他描寫爲非道德主義的「男子漢」的某些義大利文藝復興時期人物身上，看到這樣的原型和典範（《義大利編年史》，一八二五—一八三九）。尼采把斯丹達爾批判的、悲觀主義的自我意識和世界意識，評價爲與他精神近似的標誌。
——Pütz版注

參見尼采一八八七年二月十三日寫給Gast的信：「你知道杜斯妥也夫斯基嗎？除了斯丹達爾，還沒有哪個人令我更爲震驚並帶來更大的快樂：他是我的心理學家，正是透過他『我理解了自己』。」——法文G版注

146 卡提利那（LuciusSergiusCatilina，前一〇八—六二）：西元前六三年，由於其顛覆計畫被發現（被西塞羅），卡提利那被迫離開羅馬。他的追隨者被控犯有叛逆罪，根據一次元老院決議被處死。卡提利那自己在前六二年初同他的軍隊一起被打敗並且陣亡。俾斯麥於一八六二年九月三十日，在背鄉離井的顛覆者的意義中，提到「卡提利那的實存」。尼采在卡提利那的失敗的努力中，即透過顛覆現存制度取得羅馬帝國領導地位的努力，看到一種與凱撒那成功的努力的類似，以及凱撒那成爲國家一號人物的成功努力的先例。

——Pütz版注

147 參見VIII, 10〔50〕，它構成了這段話的第一版。其他三個版本是先後相繼的：WII 5, 171；WII 6, 132-130（在論賣淫的片段之後）；Mp XVI 4。下面是筆記本WII6中的版本：「罪犯的類型是不利條件下強者的類型，這就使得其全部本能遭受了鄙視、恐懼和屈辱的打擊，從而被於那些壓抑的情感糾纏混合在一起，從生理上來說，就是退化。罪犯是一種強者的病態類型，他不得不祕密地作他最擅長和最喜歡做的事，身處長久的緊張、謹慎、詭祕狀態；他愈來愈習慣於感覺到，在他的本能之中存在著不利和危險，直到最終，他僅僅把本能當作一個暴君並不再尊重它……他不再能獲得意志和行動的自由所帶來的快感……他變成宿命論者……〔正是在〕社會〔之中〕，我們那馴化、焦慮、平庸的社會，強者必然〔必然地〕會退化。我們想到了杜斯妥也夫斯基所描寫的那些西伯利亞苦行犯：他把他們當作俄羅斯精神之中最強大也最有價值〔？〕的天性。他們缺少贊同和信任，因而不被承認爲有用、有益、和平等的；他們的行動見不得人、不能公開擁有

其權力、也無法身處於白日的光線之下。所有擁有這些天性的人，他們的思想和行動都帶有地下生活者的色彩：他們身上的任何東西顯得蒼白。對於公眾對於我們的存在的贊同和認可也是一種太陽的光線。我幾乎是下意識地注意到，每種怪癖，每種有些過於長久的居於表面之下的狀態，每種不同尋常的、無法被理解的、難以識透的存在形式，都使得罪犯的類型更為突出，在他們身上我們看到了天賦，正如在德性的鼓吹者身上一樣……所有那些偉大的革新者，在那些深知底細的人看來，在一個他們只從事革新的時代，在其中沒有任何一種成就能夠給予他們以『確證』——他們就像是被錯當成了偉大的罪犯。所有的天才都認識到——這是未成熟的一個階段——一種『卡提利那式的實存』，出現於最為精神化的形式之下。非常幸福的存在，那些『非—天才』甚至都難以覺察到。有一些事物，從本性上來說，始終處於被扼殺狀態。一種例外的誕生絕不應該被記載下來。」——法文G版注

148 這裡視野開闊：參見歌德《浮士德》第二部，第五幕，一一九八九行：「這裡視野開闊，/精神高昂。」。——Pütz版注

149 偉大的心靈〔……〕內在震顫：il est indigne des grands coeurs de répandre le trouble, qu'ils ressentent. ——Pütz版注

150 西塞羅（Marcus Tullius Cicero，前一〇六—四三）：古羅馬演說家和政治家。前五六和五一年間產生了他重要的教育論著《論演說術》、《論國家》、《論法律》。在這些著作中，他嘗試讓理想的準則去適應現實。他的書信也寫得非常出色，被視為優美的拉丁文的典範。——Pütz版注

151 參見VIII 9〔116〕。——法文G版注

152 「退回自然」（Rückkehrzur Natur）：尼采在評價這個在用詞和思想上都被歸於盧梭的表達時（影射「返回自然！」的口號），更把它視爲人類歷史中的倒退而不是進步。——Pütz版注

153 革命：尼采指的是一七八九年的法國革命；他把盧梭視爲法國革命精神之父中的一個。——Pütz版注

154 平等的學說：尼采這裡指的是法國革命的一個要求。這場革命呼喚自由、平等、博愛。——Pütz版注

155 毒藥〔……〕公正〔……〕變得平等：參見尼采在他的代表作《查拉圖斯特拉如是說》第二部《毒蜘蛛》一節中類似的思想。——Pütz版注

156 參見VIII9〔179〕。——法文G版注

157 第一版：「他系統性地、彼此相對地釋放出那些最強的本能：這樣，他就控制了它們，達到那最高的類型、最爲接近文藝復興的類型。然而，他爲了自己的人格而獲得的東西對於歐洲來說卻肯定是難以獲得的——那絕不是我們的十九世紀。歌德完全在其自身中發現了屬於他自己的世紀」（Mp XVI 4）。——法文G版注

158 在這段《漫遊》（*Divagations*）的結論中所表達的思想，已經存於日期爲「Sils-Maria,一八八八年九月初」的「前言」中。——法文G版注

159 參見CW「尾聲」，p.55注解2。——法文G版注

160 不久〔……〕那本最具獨立性的書：預告計畫的主要著作，應該以《權力意志》的書名出版。——Pütz版注

我感謝古人什麼

1

一

最後談一下那個我曾尋找過其入口的世界，那個也許我發現了一個新入口的世界—— [154]
古代世界。我的鑑賞力，它或許是那寬容的鑑賞力的對立面，即使在這裡保持著距離，具
體地說是：它根本不喜歡說是，而寧願說不，而最喜歡一聲不吭……這適用於整個文化，
這適用於書籍，這也適用於地方和風景。歸根究柢，只有很小一部分古代書籍，在我的生
命中還算回事；最有名的不在其中。我對於風格，對於作爲風格的警句詩[2]的感受力，是
接觸薩魯斯特[3]的時候，幾乎在一瞬間覺醒的。我沒有忘記我尊敬的老師科森[4]的驚訝，
那時他不得不給他最差的拉丁文學生最好的分數，我一下子變得成熟、簡練、嚴格，有盡
可能充分的基本儲備，針對「華麗辭藻」和「華麗情感」的一種冷峭惡意——就此我看透
了自己。一直深入到我的查拉圖斯特拉，人們可以在我身上重新認出對於**羅馬**風格和風格
中「比青銅更加不朽」[5]的一種非常認眞的追求。我第一次接觸賀拉斯[6]時，情況沒什麼
兩樣。我迄今未曾在其他詩人那裡有過像賀拉斯的頌歌從一開始就帶給我的藝術驚喜。在
某些語言裡，這裡達到的東西，甚至無法想望。文字的馬賽克，每個詞作爲音調、位置、 [155]
內容，左顧右盼，朝著整體迸湧力量，在符號的範圍和數量上是最低的限度，可在符號的
能量上獲得最高——這一切是羅馬式的，倘若大家願意相信我，而且出色地**高貴**。相反

地，其餘的全部詩歌是過於流俗的東西，純然是一種感情的喋喋不休……

二

對希臘人，我完全沒有什麼類似的強烈印象需要感謝；不諱言，他們對於我們來說，不可能像羅馬人一樣。人們不向希臘人**學習**——他們的種類過於陌生，也過於流動，不能產生命令和「經典」的效用。有誰曾向一個希臘人學習寫作？有誰曾**缺少**羅馬人學習寫作？請別用柏拉圖來反駁我。與柏拉圖相比，我是個徹底的懷疑論者，[7]而且始終不去附和學者中具有傳統的、對**雜耍演員**柏拉圖的驚歎。在這方面，古代那些最挑剔的鑑賞家畢竟站在我的一邊。就我看來，柏拉圖把風格的所有形式弄得一團糟，由此他是風格的**第一個**頹廢者；他做錯了某些類似的事，像發明了邁尼普斯諷刺[8]的犬儒學派。柏拉圖的對話，[9]辯證法的這種極其自負和幼稚的類型，一個人必須從未讀過像豐特內勒[10]這樣的優秀法國作家，才會覺得它有魅力。——柏拉圖枯燥無味。——最後，我對柏拉圖的不信任是深刻的，我覺得他如此偏離希臘人的所有基本本能、如此道德化、如此先於基督教存在[11]——他已經把「善」這個概念當作最高概念——，對於這整個柏拉圖現象，我寧願使用這個嚴厲的「高級詐騙」的詞，或者，倘若別人更希望用理想主義，而不希望使用其他的詞。這個雅典人曾在埃及人那裡[12]上學過（或者在埃及的猶太人那裡？），爲此人們付出了昂貴的代價。在基督教的巨大災難中，柏拉圖是被稱爲「理想」的雙關語和迷惑力，它讓古代的高貴天性有可能誤解自身，從而踏上通往「十字架」的**橋**[13]……而在「教會」的概念裡，在教會的建構、體系和實踐中，還有多少柏拉圖！讓我從一切柏拉圖主義那裡獲得恢復，嗜好和療養的，在任何時候是**修昔底德**。[14]修昔底德，也許還有馬基雅維利[15]的《君主論》，由於它們的絕對意志，即毫不自欺，在**現實**中而**非**「理性」中、更非在「道德」中看待理性，它們與我自身最爲相近……爲了進入生活而受到文理中學的訓練，而作爲報酬，這個「受到經典教育的」青年人贏得的是希臘人那可憐的對於理想的粉飾。可沒人能比修昔底德更徹底地治療這種粉飾。人們得一行一行地翻閱他，像讀他的文字那樣清晰地讀懂他的隱念——很少有這樣富有隱念的思想家。**智者派文化**，可以說**實在論者文化**，在他身上得到完滿的體現；這個無比珍貴的運動，正處在蘇格拉底學派[16]的道德和理想欺騙正四處爆發之當口。希臘哲學是希臘人本能的頹廢；修昔底德是古代希臘人本能中那強大、嚴格和硬朗的事實性的偉大總結和最後呈現。面對現實的**勇氣**最後區分了修昔底德和柏拉圖這樣的天性：柏拉圖是現實面前的懦夫，**所以**他遁入理想；修昔底德能掌握**自己**，所以他也能掌握事物……

三

在希臘人身上聞出「美麗的靈魂」、「不偏不倚」和其他的完美性，比如欣賞他們身上的偉大的靜穆、理想的意向、高貴的單純——我自身攜有的心理學家[17]保護我避開這種「高貴的單純」，那最終是一種德國式的愚蠢（niaiserie allemande）的東西。我目睹他們那最強烈的本能，權力意志，我目睹他們在這種衝動的狂暴威力前顫抖不已，我目睹保護措施中產生出他們全部的機構，以針對他們內部的**炸藥**求得互相間的安全。內在的巨大張力然後以可怕和無情的敵意向外爆發；城市行政區互相廝殺，每個城市公民也許就此找到自身的安寧。一個人必須強大，危險近在咫尺，它在四處窺伺。矯健柔韌的軀體，希臘人擁有的大膽的實在論和非道德主義，這曾是一種**必須**，而非一種「天性」。它是以後的結果，而非開始就有。透過節日和藝術，人們要的不是別的什麼，而是想有**健康自信**的感覺，**顯示**自己健康自信；那些是自我美化、在某些情況下是自我恐嚇的手段……讓我們按德國的方式，根據希臘人的哲學家評判希臘人，比如利用蘇格拉底學派的庸俗性來解析，什麼在本質上是希臘式的！哲學家是希臘文化的頹廢派，是針對古代和高貴鑑賞力（反對好鬥本能、反對城邦、[18]反對種族的價值、反對出身的權威）的逆反運動。蘇格拉底的德行得到宣揚，因爲希臘人已經失去了它們：敏感、膽怯、反復無常，大家都是喜劇演員，他們有太多的理由，聽人說教。似乎無濟於事，不過，誇飾的詞語和姿態如此地適合頹廢派……

四

我是第一人，[19]爲理解那較古老的、仍然豐盈甚至充溢而出的希臘本能，而認眞看待那名爲狄俄尼索斯的奇妙現象，這唯獨從力的過剩出發才能得到解釋。誰像當今在世的那位希臘文化[20]最深刻的專家、巴塞爾的雅各．布克哈特（Jacob Burckhard）一樣去探究希臘人，他就會立刻明白，這値得去做；就上面提到的現象，布克哈特給他的《希臘人的文化》一書添上了獨立的一章。[21]要是想了解相反的情況，可以看一下德國語文學家們接近狄俄尼索斯時那近乎可笑的本能貧乏狀況。特別是那個著名的洛貝克，[22]他帶著一隻在書本之間被擠乾的書蠹的威嚴、自信，爬進這情狀神祕莫測的世界，說服自己，把自己那令人厭惡的輕率和幼稚當成科學，洛貝克使用他那全部的博聞強記向人暗示，所有這些稀罕事物其實毫無意義。事實上，教士們想向這些縱欲狂歡的參與者傳達的，並非是些毫無價值的東西，比如葡萄酒刺激欲望，人在某些情況下依靠果實生活，植物春天繁茂，秋季衰敗。至於縱欲狂歡之起源，其習俗、象徵和神話令人驚訝地豐富，確實氾濫於整個古代世界。這樣的豐富性給了洛貝克在精神的富足上提高一個級別的理由：

> 希臘人，他說，阿革勞法姆斯（Aglaophamus I, 672），他們別無他事可做，就歡笑、跳躍、四處休息，或者因爲人們有時也會對此有興趣，坐下、哭泣和悲鳴。另一些人隨後過來，爲這種引人注目的舉止尋找某個理由；由此產生了無數節日傳說和神話，以解釋那些習俗。另一方面人們相信，那種在節日中進行的滑稽活動，也必定屬於節日慶祝，並把它當成祭拜形式的一個必不可少的部分保存下來。

這是可鄙的胡說八道，大家不值得把這樣一位洛貝克當眞。倘若我們檢驗溫克爾曼[23]和歌德替自己造就的「希臘的」這個概念，並發現它與產生狄俄尼索斯藝術的因素——即縱欲狂歡，[24]互不相容時，我們的感覺截然不同。其實我並不懷疑，歌德原則上大概也把這樣類似的東西從希臘靈魂的可能性中排除在外，**所以歌德並不理解希臘人**。因爲，只有在狄俄尼索斯的神祕儀式[25]裡，在狄俄尼索斯狀態的心理中，希臘人本能的**根本事實**——其「生命意志」才得以表達。希臘人以這樣的神祕儀式保證什麼？那**永恆的**生命、生命的永恆輪回；未來在過去中得到預告和供奉；對於超越死亡和變化之生命的勝利首肯；透過生殖、透過性的神祕儀式，眞正的生命作爲整體的繼續生存。所以，對希臘人來講，**性的**象徵，是莊嚴的象徵自身，是整個古代虔敬內含的眞正深意。交配、懷孕和分娩行爲中的所有細節喚起最高昂和最莊嚴的情感。在神祕儀式的學說中，**痛苦**被神聖地言說：「產婦的呻吟」完全讓痛苦神聖化，所有的生成和生長、所有未來的擔保**取決於**痛苦……爲了有永恆的創造喜悅、爲了生命的意志永恆地肯定自身，也必須有永恆的「產婦的陣痛」……這一切意味著狄俄尼索斯這個詞；除了這個**希臘的**、即這個狄俄尼索斯的象徵表達，我不知道有比這更高級的象徵表達。在此之中，可以宗教地感受到生命那直指生命之將來、生命之永恆的最深邃本能，通往生命自身的道路，生殖作爲**神聖的**道路……只有基督教，帶著它那從根本上**反對**生命的怨恨，把性當作某種骯髒的東西；它把**汙穢之物**潑灑到開端上，即我們生命的前提上……

五

縱欲狂歡的心理作爲一種漫溢的生命和力量感，甚至痛苦在此之中也作爲興奮劑之效，這賦予我理解**悲劇性**情感的鑰匙，而這樣的情感既遭到亞里斯多德，在特殊情況中也遭到我們悲觀主義者的誤解。悲劇遠不能替叔本華意義中的希臘人的悲觀主義證明什麼，它反而可以被視爲對悲觀主義的決定性拒絕和**反證**。對於生命的首肯即使在其最陌生和嚴酷的問題中存在；生命意志在其最高級類型的**犧牲**中爲自己的不可枯竭而欣喜萬分——我稱**這**爲狄俄尼索斯的，我猜這是通往**悲劇**詩人之心理學的橋梁。**不是**爲了擺脫恐懼和同情，不是爲了借助激烈的發洩，讓自己從一種危險的情緒中得到淨化——亞里斯多德就是這麼理解；反而是爲了超越恐懼和同情，**成爲**生成之永恆的喜悅**自身**，這種喜悅還包含著**對於毀滅的喜悅**……由此我再次觸及我的出發點——《悲劇的誕生》曾是我對一切價值的首次重估；由此我重新站回到培育出我的意願和我的**能力**的土地上。我，這個哲學家狄俄尼索斯最後的信徒，[26]——我，這個永恆輪回的老師……

【注釋】

1 關於此章的形成，見對於CI和EH的形成所作的詮釋。——法文G版注

2 警句詩（Epigramm）：在希臘人那裡，最初是藝術品、獻祭物和墓碑上，一種以押韻對句（由兩行詩組成的段落）形式寫成的標題。自西元前六世紀，警句詩作爲獨立的文學類型，發展成對感情、情緒的容易記住的表達形式，顯示對人物、事情的尊重。——Pütz版注

3 薩魯斯特（Gaius Sallustius Crispus，前八六—三五）：羅馬作家和歷史學家，不太重視歷史的細節，而更注重批評占統治地位的羅馬顯貴的衰敗現象，以古羅馬「男子氣概」（virtus）的理想形象反對羅馬顯貴。

——Pütz版注

4 科森（Wilhelm Corssen, 1820-1875）：語文學家，一八四六—一八六六在舒爾普福塔當教授。尼采從一八五八到一八六四年高中畢業，在那裡學習和生活。科森的主要著作是：《論拉丁語的發音、母音系統和重音》二卷（一八五八—一八五九），《拉丁語詞法批評論集》（一八六二）。——Pütz版注

5 「比青銅更加不朽」（aere perenius）：參見賀拉斯的「我樹立了一座豐碑，比青銅更加不朽」（Exegi monumentum aere perennius）（《詩集》III, 30 ,1）。——Pütz版注

6 賀拉斯（Quintus Horatius Flasccus，前六五—八）：羅馬詩人。屬於他最著名的作品有《詩藝》、《詩集》和《頌詩》。憑藉後兩者賀拉斯成了拉丁語詩歌的創始人。詩歌對他來說是一種嚴格的藝術形式，其中的言語，其表述必須簡潔和準確。——Pütz版注

7 徹底的懷疑論者：絕對的懷疑論者完全否定認知的任何可能性；這樣，借助感官的感知作爲源自實踐之經驗的基礎受到質疑。不過，對於這個無知的知，被懷疑論者教條主義地和不容置疑地，當作原理設定爲前提。與此相反，相對的懷疑論者僅否定某些領域中認知的可能性（比如在倫理學或者神學中）。尼采在這個意義中稱自己爲「徹底的懷疑論者」，以與柏拉圖相對，那麼這意味著，對於迄至那時被認爲是肯定和被相信是無疑的事，柏拉圖僅作了相對化，而他自己作了審核和清除。——Pütz版注

8 邁尼普斯諷刺（satura Menippos）：根據其發明者邁尼普斯（Menippos von Gadara，前三世紀）得名。它以散文和詩的一種混合體，揭露人類的弱點和愚蠢。——Pütz版注

9 柏拉圖的對話：對話以交談的形式表現哲學的思維進程，柏拉圖被視爲其眞正的、文學上的創造者。他在自

己的對話中爲自己的老師蘇格拉底豎立了一座豐碑，並且讓他展現出論證的對話藝術。這種藝術的實質是，透過演講和異議，逐漸地闡明談話對象的實質。——Pütz版注

10 豐特內勒（Bernhard le Bovier de Fontenelle, 1657-1757）：法國哲理性作家。尤其是他那繼承了希臘諷刺作家盧奇安（Lukian, 120-180）傳統的、充滿智慧和文采飛揚的《已故者對話錄》（一六八三），也許引起尼采的注意。——Pütz版注

11 先於基督教存在（präexistent-christlich）：尼采在這裡一方面暗指基督教之前柏拉圖學說的存在（時間上）（前四二七—三四七），在此他把柏拉圖哲學幾乎視爲基督教的精神預示；另一方面他強調柏拉圖哲學和基督教所共有的要素，即在世界的物質創造之前，在上帝的思想中，「世界」作爲理念存在。同時尼采對世界那「此岸」和「彼岸」或者「上面」和「下面」的這種「對分」展開論戰。——Pütz版注

12 在埃及人那裡：除了去下義大利和西西里島的旅行，柏拉圖是否眞的去過埃及並在那裡學習，沒有得到證明。而關於這樣一次逗留的消息具有傳奇特徵。在柏拉圖的著作裡和他的信件中，都沒有關於去埃及人那裡的旅行的證據。所以更加可能的是，所有柏拉圖編入他某些神話中的「埃及」，並非建立在個人經歷基礎上，而源自他人的旅行記，又被他編入自己的論著。——Pütz版注

13 踏上〔……〕橋：這個比喻性的表達在此一方面意味著，柏拉圖哲學可以被視爲基督教學說的前提，因爲柏拉圖已經開創了一條道路，而基督教延續了它以及/或者把它完成。另一方面尼采也許指的是華格納面對基督教信仰之「十字架」的「鞠躬」或者「跪拜」。尤其在華格納的《帕西法爾——三幕舞臺節日祭祀劇》（一八八二）中，尼采看到了這個十字架的藝術表達。——Pütz版注

14 修昔底德（Thukydides，前四六〇—四〇四）：希臘歷史學家。在他的《伯羅奔尼撒戰爭史》中，他描寫了貴族的斯巴達和民主的雅典之間爲爭奪在希臘的統治權的戰爭（前四三一—四〇四）。在這西元前四一一年中斷的描述中心，是雅典人伯里克利（Perikles）和對其政策之合法性證明的嘗試。——Pütz版注

15 馬基雅維利（Niccolò Macchiavelli, 1469-1527）：義大利政治家和作家。他的代表作，即尼采在這裡提到的《君主論》，一五一三年完成，一五三二年出版。此書涉及的是建立和維持統治的問題，根據馬基雅維利的看法，這基本建立在「國家利益至上原則」上。尤其是馬基雅維利這個本質上新的思想，即權力是政治的一種構成因素，受到尼采的歡迎。——Pütz版注

16 智者派文化〔……〕蘇格拉底學派：智者（智慧教授者）西元前五世紀起在希臘作爲高級教育科目的老師出現。在延續性學校的機構化之前，他們一方面被視爲古代啓蒙和教育運動的載體，另一方面這些智者——尤其是蘇格拉底（前四七〇—三九九）和他的學生——被批評爲肆無忌憚的雄辯家，他們感興趣的不怎麼是對眞理的哲學探究，而是物質的利益和個人的好處，而他們那辯證的演說藝術僅被用於自我吹噓、喋喋不休的咬文嚼字和假哲學的吹毛求疵。——Pütz版注

17 在希臘人身上〔……〕自身帶有的心理學家：尼采暗指溫克爾曼（Winckelmann）。他在其《希臘繪畫雕塑沉思錄》（一七五五）中，把「既在姿態又在表達中的高貴的單純和靜穆的偉大」（§ 79）定義爲希臘藝術的特徵。「美麗的心靈」這個概念雖然也出現在溫克爾曼筆下，但先由康德、席勒，尤其是歌德作爲問題提了出來。歌德在他的教育小說《威廉邁斯特的學習年代》（一七九五）中，第六卷，《一顆美麗的心靈的自白》，描述了對虔信派的一次皈依。——Pütz版注

18 城邦（Polis）：指稱古希臘人居住區內最普遍的國家形式。城邦有其城市的中心，邊上形成周圍地區和（以後）殖民地，可以被稱爲政治和文化的共同體。城邦在西元前六到四世紀，特別在雅典，達到其繁盛期。城邦作爲國家形式的觀念，主要透過柏拉圖及其學生亞里斯多德的國家學說，一直影響到近代。——Pütz版注

19 我是第一人：在他的第一本書《悲劇的誕生》（一八七二）。——Pütz版注

20 希臘文化：與尼采對雅各．布克哈特此書出版的「預告」相反，後者於一八八九年十一月二十九日給他的出版人澤曼（Ernst Arthur Seemann）寫信，表示對這個出版物以及對尼采的保留態度：「說我要發表一部希臘文化史書，這個錯誤的說法源自不幸的教授、博士尼采先生，而他目前住在一個瘋人院裡。他把我經常講授的一門有關那個內容的課當成了一本書。」——Pütz版注

21 參見布克哈特寫給編輯澤曼的信（一八八九年十一月二十九日以及一八九四年十二月八日），以及Felix Stahelin爲布克哈特的《希臘文化史》所作的序言（Griechische Kullurgeschichte，斯圖加特，1930，pp. XXIII-XXIX）。——法文G版注

22 洛貝克（Christian August Lobeck, 1781-1860）：古典語文學家，自一八一四年起在柯尼斯堡任教授；他的主要著作《阿革勞法姆斯》（Aglaophamus）（兩卷，〔一八二九〕）是關於祕密宗教儀式之古代史實的探討。尼采後文摘引了它。——Pütz版注

23 溫克爾曼（JohannJoachim Winckelmann, 1717-1768）：被視爲近代考古學和比較藝術史（《古代藝術史》，一七六四）的創始人。在德累斯頓（Dresden）和阿爾琴托（Archinto）任羅馬教皇使節的提議，促使溫克爾曼於一七五四年皈依天主教；一七六三年他被任命爲羅馬及其整個周邊地區全部古代文物的總管。——Pütz

版注

24 縱欲狂歡（Orgiasmus）：極度興奮的狂放不羈作爲手段，以藉由高昂的情緒狀態，與神的世界接觸。——Pütz版注

25 狄俄尼索斯的神祕儀式：在狄俄尼索斯崇拜的儀式性慶典中，人們會追求一種共同的祭拜體驗。在祭拜活動中，人們慶祝人類生命與神權的聯繫，以及男性與女性肉體的結合。此時迷醉的儀式和神祕儀式參與者的狂熱活動，與叔本華對「否定生命意志」的要求，尤其是與其最高和最極端的形式、即禁欲，形成顯著的對比。因爲，正是在狄俄尼索斯的神祕儀式裡，「生命意志」以強烈和粗放的形式得到表達，一方面在「性的象徵」即男性的「陰莖」上，另一方面在作爲女性之生殖力和懷孕象徵的「產婦的呻吟和陣痛」中；參與者就這樣慶祝和祭拜作爲生與死之象徵的形成與消亡的過程。——Pütz版注

26 參見PBM295。——法文G版注

錘子說話

——查拉圖斯特拉如是說 3, 90

爲何如此堅硬！——有一次廚房用煤對鑽石說：難道我們不是近親？

爲何如此軟弱？哦，我的兄弟，我如是問你們：難道你們不是——我的兄弟？

爲何如此軟弱？如此退讓和順從？你們的心中爲何有這麼多的否定和拒絕？你們的目光中只有這麼少的命運？

倘若你們不願成爲命運和無情；你們將來如何能與我一起——取勝？

倘若你們的硬度不足以閃光、割斷和剪切；你們將來如何能與我一起——創造？

所有創造者都是堅硬的。你們必須以爲那是極樂，若把你們的手壓在千年之上，猶如壓在蠟上，以爲那是極樂，若在千年的意志上書寫，猶如在青銅上，比青銅更硬，比青銅更高貴。十分堅硬，這才是最高貴者。

這塊新的牌子，哦，我的兄弟，我把它放到你們頭上，請變得堅硬！[1]

【注釋】

1 參見Za III，「新舊標榜」，§29。我們對於AC的結尾處的「反基督教之法」所作的注解指出，這篇文本最初是爲AC作結而準備的。——法文G版注

譯後記

這裡想特別交代一下《偶像的黃昏》注疏問題。我當時主要譯了 Pütz 版的注釋；KSA 版的注釋，僅譯了每篇的引言，其他未譯。今天春節剛過，責編寄來上述尼采著作法文本相應注釋的漢譯，讓我過目，尤其讓我注意法文本注釋與我原先譯文相左的幾處，並決定取捨。同時希望補上 KSA 版的其他注釋。對照德語原文，重新斟酌拙譯與法文本注釋有抵觸的幾處，覺得原漢譯大抵沒問題。由此也感到，即使西文內部的翻譯，即這裡的法譯德，也非易事。有理解的，也有誤解的。但通讀法文注釋的漢譯，以及法文注釋漢譯者的個別提醒，還是有所助益。比如 KSA 版九十七頁（屬《偶像的黃昏》）中，有 Wir leugnen dieVerantwortlichkeit in Gott 一句。我原先的譯文是：「我們否認上帝的責任」。法文注釋的漢譯者提示，法語譯文爲：nous nions en Dieularesponsabilité，直譯應爲「我們否認上帝擁有責任」。仔細推敲，雖不認爲德語原文該這樣譯成漢語，但由此也發現自己原先的粗疏或失誤。因爲實際上，德語介詞 in 在此並不是常用的「在……裡面」的意思，而有 vor（在……之前）或者 gegenüber（面對）的含義。現改成：「我們否認面對上帝的責任」。可以解釋爲：面對上帝，我們無須承擔任何責任，或沒有承擔責任的義務。準確翻譯之難，思之的確令人惶惑。可見，有注疏的漢譯本，確實不僅有助於讀者理解，也有益於譯者的理解。補譯KSA版其他注釋的要求，其實不敢違背。但筆者不意發現，工作大體已由法文本注釋的漢譯完成，因爲法文本注釋，基本是KSA版一些注釋的翻版。所以KSA版的注釋，最後僅補充了爲數不多的幾個，實非搪塞，而是避免重複。

本著作的法文版注釋由姜宇輝博士譯出，謹對他的勞作，表示感謝。

衛茂平

二〇〇七年三月五日於上海

名詞索引

二畫

人性論　112

四畫

內在事實　82, 83

五畫

民主主義　115, 123, 159, 160
交感神經系統　84, 93
存在　8, 40, 46, 48, 49, 51, 52, 53, 55, 56, 57, 62, 68, 73, 74, 76, 82, 83, 88, 89, 92, 93, 95, 96, 98, 115, 132, 133, 135, 140, 143, 162, 166, 167, 168, 171, 180, 182, 187, 193, 198, 199, 201, 208, 211, 212, 217, 223, 225

六畫

此在　26, 56, 89, 93, 96, 111, 130, 146, 157, 168, 188, 194
自由主義　159, 160, 161, 205, 208
自然主義　69, 77, 179, 185

七畫

希洛人制　112, 120
形式科學　50
形而上學　8, 50, 52, 55, 56, 57, 62, 83, 88, 93, 95, 178, 183, 190, 195
狄俄尼索斯狀態　134, 221

八畫

社會主義　106, 152, 153, 158, 173, 178, 184, 200, 201

金髮野獸　99, 103
阿波羅狀態　134
非道德主義　19, 26, 27, 40, 72, 88, 150, 197, 210, 219

九畫

柯爾納羅主義　81
英國式的　129, 136, 137
首陀羅　100, 104

十畫

原罪　81, 91, 126
哥尼斯堡式　60, 62
埃及主義　48, 54, 104
埃利亞學派　49, 53, 55, 57
浪漫主義　127, 173, 177, 182, 184

十一畫

逆反運動　219
唯心論　92, 178
符號理論　50
符號學　98, 103

十二畫

智者派文化　218, 226
無政府主義　19, 27, 152, 180, 201
無神論　62, 111, 136, 168
等級制　54
虛無主義　19, 62, 142, 150, 155, 173, 199, 201
超驗　57, 92, 95, 129

十四畫

實在論　172, 173, 218, 219
實證主義　60, 62, 178, 180, 183, 184, 210
精神的貴族主義　127, 180
認識論　50, 61

十六畫

諺語　22, 23, 182, 193, 209
邁尼普斯諷刺　217, 224

十八畫

懷疑論者　62, 140, 191, 217, 224
警句　22, 24, 25, 174, 190, 216, 223

二十一畫

辯證法　33, 34, 36, 43, 44, 45, 217

Pütz 版尼采年表

年代	記事
一八四四年	十月十五日：出生於呂岑（Lützen，位於普魯士的薩克森行省，萊比錫的西南面）附近的呂肯鎮（Röcken），其父卡爾·路德維希·尼采乃是牧師（祖父也是牧師）。
一八四九年	七月三十日：父親去世。
一八五〇年	全家遷至薩勒河（Saale）畔的瑙姆堡（Naumburg，位於德國薩克森安哈爾特州南部）。
一八五八年	十月：進入瑙姆堡附近的舒爾普福爾塔（Schulpforta）高級中學學習，直到一八六四年。
一八六四年	十月：開始在波昂大學學習神學與古典語文學。
一八六五年	十月：跟隨其語文學老師 F. W. 里徹爾（Ritschl）來到萊比錫，並在那裡繼續他的學業。開始接觸叔本華的著作。
一八六六年	開始與古典語文學者埃爾溫·羅德（Erwin Rohde）交往。
一八六八年	十一月八日：在萊比錫結識理查·華格納。
一八六九年	二月：雖然沒有博士頭銜，但在里徹爾的推薦下，同時因為他之前撰寫的幾篇非常出色的文章（主要是關於忒奧格尼斯與第歐根尼·拉爾修）而被任命為瑞士巴塞爾大學古典語文學的兼職教授。
一八六九年	五月十七日：初次拜訪華格納，後者的寓所當時位於瑞士盧塞恩附近的特里普申（Tribschen）。 五月二十八日：在巴塞爾大學發表就職演講：《荷馬與古典語文學》。 與瑞士文化及藝術史學者雅各·布克哈特（Jakob Burckhardt，也是巴塞爾大學的教授）認識。 開始撰寫《悲劇的誕生》（發表於一八七二年一月）。

年代	記事
一八七〇年	三月：被任命為全職教授：大約有六—十名學生聽其授課，授課內容主要是關於索福克勒斯、赫西俄德、詩韻學，而在第二年則講授柏拉圖對話以及拉丁碑銘學。 八月：志願參加普法戰爭，擔任部隊衛生員；患痢疾與白喉。 十月：返回巴塞爾。開始與神學家弗蘭茨・歐維貝克交往。
一八七一年	患病並暫時休假。在瑞士盧加諾、特里普申、伯恩高地以及德國瑙姆堡、萊比錫和曼海姆均有逗留。
一八七二年	二—三月：在巴塞爾辦系列講座，題目為《論我們教育機構的未來》（在死後才作為遺稿發表）。 三月二十二日：拜羅伊特節日劇院奠基：尼采在拜羅伊特。
一八七三年	撰寫《不合時宜的沉思》「第一篇：施特勞斯——表白者與作家」。 撰寫《希臘人悲劇時代的哲學》（在死後才作為遺稿發表）。 大約從這一年開始，不斷受到類似偏頭痛疾病的困擾。
一八七四年	撰寫《不合時宜的沉思》「第二篇：歷史學對於生活的利與弊」和「第三篇：作為教育者的叔本華」。
一八七五年	十月：與音樂家彼得・加斯特（原名：海因里希・科澤里茨）相識。

年代	記事
一八七六年	撰寫《不合時宜的沉思》「第四篇：華格納在拜羅伊特」。 八月：參加首屆拜羅伊特音樂節；與華格納出現疏遠的跡象。 九月：與心理學家保羅・雷伊相識。病情加重。 十月：巴塞爾大學准許尼采休假以便其恢復健康。尼采與雷伊以及德國女作家瑪爾維達・馮・邁森布格（Malvida von Meysenbug）在義大利的索倫托度過了一八七六、一八七七年的冬天。 十月：與華格納最後一次晤談。
一八七八年	出版《人性的、太人性的》（上卷）。 一月：華格納最後一次寄作品給尼采：《帕西法爾》。 五月：致華格納的最後一封信，隨信還附上了《人性的、太人性的》一書。尼采與華格納夫婦的友誼終結。
一八七九年	日益嚴重的疾病迫使尼采放棄了在巴塞爾大學的教職。大學方面為其提供了未來六年的退休金。
一八八〇年	撰寫《人性的、太人性的》（下卷）之「漫遊者和他的影子」。 三—六月：首次在威尼斯逗留。 從十一月起：第一次在義大利熱那亞過冬。
一八八一年	出版《朝霞》。 第一次在瑞士上恩加丁河谷的希爾斯—馬里亞村度過夏季。 十一月：在熱那亞第一次觀看比才的歌劇《卡門》。

年代	記事
一八八二年	出版《快樂的科學》。 三月：義大利西西里之行。 四月：結識露・馮・莎樂美（Lou von Salomé），後向其求婚但遭到拒絕。 在義大利的拉帕洛（Rapallo）過冬。
一八八三年	出版《查拉圖斯特拉如是說》的第一卷和第二卷。 二月十三日：華格納去世。 從十二月起：第一次在法國尼斯過冬。
一八八四年	出版《查拉圖斯特拉如是說》的第三卷。
一八八五年	出版《查拉圖斯特拉如是說》的第四卷（最初以內部出版物的形式發表）。 五月：妹妹伊莉莎白與作家及殖民者伯恩哈德・弗爾斯特（Bernhard Förster）結婚：伊莉莎白多年來一直與尼采不和，曾經和好過，後再次鬧翻，（尼采死後）她還曾偽造過尼采寫給她以及母親的信。
一八八六年	出版《善惡的彼岸》。 出版《悲劇的誕生》與《人性的、太人性的》的新版本。
一八八七年	出版《道德的譜系》。 出版《朝霞》、《快樂的科學》與《查拉圖斯特拉如是說》（前三卷）的新版本。

年代	記事
一八八八年	四月：第一次來到義大利的杜林。而在丹麥的哥本哈根大學，格奧爾格・勃蘭兌斯開設了關於尼采的講座。 五—八月：《華格納事件》。《狄俄尼索斯頌歌》寫就（一八九一年發表）。 九月：《敵基督者》（一八九四年發表）。 十—十一月：《瞧這個人》（一九〇八年發表）。 十二月：《尼采反華格納》（一八九五年發表）。 出版《偶像的黃昏》。
一八八九年	一月：在杜林精神崩潰。後被送入德國耶拿大學的精神病院。
一八九〇年	尼采的母親將兒子帶回瑙姆堡。
一八九七年	母親去世。被送至威瑪其妹妹處。
一九〇〇年	八月二十五日：在威瑪去世。
一九〇一年	彼得・加斯特與胞妹伊莉莎白・弗爾斯特・尼采，從尼采十九世紀八十年代的遺稿中挑出五百多條文稿編輯出版，偽託書名為《權力意志》。一九〇六年又再次出版了差不多同樣數量的文稿。

經典名著文庫 075

偶像的黃昏

Götzen-Dämmerung

作　　者 —— 〔德〕尼采（Friedrich Nietzsche）
譯　　者 —— 衛茂平
發 行 人 —— 楊榮川
總 經 理 —— 楊士清
總 編 輯 —— 楊秀麗
文庫策劃 —— 楊榮川
副總編輯 —— 蘇美嬌
特約編輯 —— 張碧娟
封面設計 —— 姚孝慈
著者繪像 —— 莊河源
出 版 者 —— 五南圖書出版股份有限公司
地　　址 —— 臺北市大安區 106 和平東路二段 339 號 4 樓
電　　話 —— 02-27055066（代表號）
傳　　眞 —— 02-27066100
劃撥帳號 —— 01068953
戶　　名 —— 五南圖書出版股份有限公司
網　　址 —— https://www.wunan.com.tw
電子郵件 —— wunan@wunan.com.tw
法律顧問 —— 林勝安律師事務所　林勝安律師
出版日期 —— 2019 年 11 月初版一刷
—— 2022 年 5 月初版二刷
定　　價 —— 350 元

國家圖書館出版品預行編目資料

偶像的黃昏 / 尼采（Friedrich Nietzsche）著，衛茂平譯．-- 初版．-- 臺北市：五南圖書出版股份有限公司，2019.11
面；公分（經典名著文庫 075）
譯自：Götzen-Dämmerung
ISBN 978-957-763-432-0（平裝）

1. 尼采（Nietzsche, Friedrich Wilhelm, 1844-1900）
2. 學術思想　3. 哲學

147.66　　108007564